'색채는 빛의 고통이다'라는 괴테의 표현을 존중합니다. 사고의 과정과 표현은 그 행위에 투사되어 나타나고, 그 삶은 쌓여온 생각과 이력을 거부할 수 없는 진실로 보여줍니다. 변상봉 목사님의 삶과 그 속에 포함된 순간들의 이어짐은, 그를 사랑하시는 하나님과 그 하나님을 사랑하는 한 인생의 모습을 보여줍니다.

변상봉 목사님은 본 교회 5기 해외인재양성 장학생으로 선발되면서 저와의 관계를 시작했고, 16년쯤 후인 오늘까지 연을 이어 소식을 나누며 정서를 공유하고 있습니다. 유학 중에 연달아 일어난 어려운 일들로 이후의 삶과 사역을 감당하기가 쉽지 않으셨을 것입니다. 그럼에도 그는 언제나 그 자리에서 서 있고, 복음을 위해 활동하고, 은혜를 누리며 행복해합니다. 엄청난 고통에 정서의 밑뿌리까지 흔들렸을 테지만, 초등학생 때부터 주의 종이 되길 서원했고 어려움 속에서도 끝까지 인내하며 지금에 이른 그의 모습은 하나님이 인도하시는 진실한 자의 모습이자 한 편의 다큐였고 드라마였습니다. 오랜 연단의 과정을 거친 그의 모습은, 인생의 고뇌는 아름다움을 생성한다는 진리의 실제입니다.

같은 목회자로서 UBF 서울대 캠퍼스에서 감격의 목회를 해나가고 계신 변목사님을, 저보다 십여 년 어린 나이임에도 불구하고 존경합니다. 늘 밝은 모습이어서 마음이 놓이고, 그 웃음과 밝음을 보며, 한 인생이 주님의 부름 받아 길 가는 모습의 아름다움에 제 마음이 환히 채워집니다.

아픔이 많은 자, 진실로 아파 본 자가 누군가의 아픔을 진실되게 위로하고 힘이 되어줄 수 있습니다. 자신의 아픔을 통해 다른 이를 위로하고 그에게 힘이 되어주는 목사님의 활기차고 힘 있는 모습을 보며, 원리와 실천적 상황이 겸비된 그의 삶과 사역에 여호와의 얼굴빛을 그에게 비춰주시길 기도합니다.

학문이 삶으로 체화된 이번 저서 『성경을 품은 기도, 주기도문』이 저자의 의도처럼 독자들 자신의 기도로 묵상되고, 자신들의 삶의 뜨거운 기쁨과 감사의 노래가 되기를 저 또한 기도합니다. 이 책이 많은 이에게 주님이 믿음의 짐이 아닌, 우리의 유일한 힘임을 다시금 깨닫게 해주길 소망합니다.

최종천_ 분당중앙교회 담임 목사

사랑하는 제자의 책에 추천사 첫 문장을 감탄사 '와우!'로 시작해야 하는 이 낯선 풍경에 저 스스로 가슴이 뜁니다. 읽는 내내 제 마음은 울컥했고, 정신은 청량해졌습니다. 주님이 그의 제자들에게 가르쳐주셨던 아주 오래된 기도문을 이렇게 생생하게 되살려 일인칭 고백으로 가슴 저리듯 와닿게 해설할 수 있다는 감동 때문이었습니다. 첫째로, 주기도문을 '성경을 품은 기도문'이라고 생각하는 저자의 신학적 안목이 제 가슴이 웅장해졌습니다. 그가 주기도문을 성경 전체에 흐르는 하나님의 창조와 인간의 타락, 예수 그리스도의 구속(구원)과 구속의 완성인 재림의 대장정의 거대 서사를 핵심적 단어들로 압축해 놓은, 그래서 '성경을 품은 기도문'이라 말했을 때였습니다. 지금까지 누구도 이런 비상한 방식으로 주기도문을 바라본 학자가 있었을까 하는 생각에 이르렀기 때문입니다. 저자의 오랜 성경 연구와 내밀한 기도 생활을 통해 얻은 통찰력의 열매가 아닌가 생각합니다. 둘째로, 이 책이 단순히 주기도문에 관한 신학적 해설에만 머물지 않기 때문입니다. 성경 전편에 흐르는 하나님의 사랑 이야기, 이른바 구원 경륜 이야기의 정점에 예수 그리스도 사건이 복음의 핵심으로 자리하고 있으며, 이 복음 이야기가 주기도문의 저변에 흐르는 해류임을 통찰한 저자는 주기도문을 나의 기도로 전환해 자신의 신앙고백적 기도문으로 삼고 있기 때문이었습니다.

이 지점부터 저자의 진솔하고 심금을 울리는 간증이 시작됩니다. 탄원과 감사, 슬픔과 희망, 아픔과 찬양의 교차적 음률이 묵직하게 들려옵니다. 어린 자녀 다니엘을 잃은 무자비한 슬픔, 고통 중에 고뇌하며 드렸던 수많은 기도, 외로운 유학 생활에서 당한 교통사고, 의사인 아내의 병치레와 암 투병과 쇠약해지는 몸, 돌봐야 하는 교인들의 수만 가지 아픔과 병고들, 밀물처럼 몰려오는 고난의 행렬과 한없는 무력감과 패배감, 하지만 예기치 못한 하늘의 위로와 희망 등이 그에겐 여울목의 물살과 같습니다. 이 격정적 소용돌이 속에서 저자는 주님의 기도로 기도합니다. 주님의 기도를 자신의 기도로 삼고, 영혼의 겨울에 희망의 교향곡을 부르고, 절망 속에서 새로움을 일구어냅니다. 어느 시인의 고백처럼, 저자는 "저녁에는 울음이 깃들일지라도 아침에는 기쁨이 올 것입니다"(시 30:5)라고 기도합니다.

저자는 성경을 너무도 사랑하는 목사, 교인들의 애환을 기도에 담아 하늘에 올려드리는 목자, 예수님의 구속적 사랑에 자신의 일편단심(一片丹心)을 하나님께 드리는 정직한 그리스도인입니다. 글이 밝고 맑습니다. 고백적 글이기에 따스하고 울림이 있습니다. 성경 전체를 아우르는 통찰력이 빛나며 신학적으로

견실합니다. '와우!'입니다. 씹고 뜯고 맛보세요. 하나님을 향한 사랑을 여러분
도 풍성하게 느낄 것입니다.

류호준_ 백석대학교 신학대학원 은퇴 교수

이 책의 제목인 『성경을 품은 기도, 주기도문』은 성경에 나오는 하나님의 구속
사의 장대한 이야기가 주기도문에 압축되어 있다는 말로 대담하게 들릴 수 있
습니다. 그러나 이 책을 읽고 나면 이 제목의 진실성을 이해할 수 있습니다. 주
기도문으로 기도할 때 성경과 함께 기도하는 것은 분명 성경적이고 신학적이며
고백적인 것입니다. 이 책의 모든 페이지는 기도하는 방법에 대한 실용적인 지
혜를 나열하는 것을 넘어 구약과 신약의 다양한 본문을 주의 깊게 읽은 저자의
주석적 통찰로 가득 차 있습니다. 저자는 성경의 예를 통해 하나님의 본질과
위치, 하나님 나라의 모습, 하나님의 뜻, 인간의 정체성, 현실, 필요와 같은 복
잡한 신학적 개념에 대해 설명합니다. 저자는 이러한 신학적 주제들이 추상적
이거나 자의적인 지적 구성물이 아니라, 예수님이 제자들에게 가르치셨던 것처
럼 실재적이고 적용가능한 것이라고 말합니다.

더 중요한 것은 이 책이 고백적이라는 점입니다. 저자는 성경과 함께 주기도문
으로 기도하는 것은 자신의 주석적, 신학적 훈련을 통해 참된 기도가 무엇인지
를 공식화하고 올바른 기도 방법을 제시할 뿐만 아니라, 가장 어두운 순간을
믿음으로 충실히 살아온 자신의 모습을 반영합니다. 책 곳곳에 흩어져 있는 그
의 개인적인 간증은 결국 이 책의 제목을 적절하게 만들어 줍니다. 이 책과 함
께 기도하면 '하나님은 언제나 선하시다, 언제나 하나님은 선하시다'라는 신앙
고백이 여러분의 것이 될 것입니다.

이원우_ 미국 미시간주 칼빈대학교 종교학과 학과장, 구약학 교수

주기도문은 예수님께서 너무나 상세하게 가르쳐주신 기도의 표본이자 기도의 핵심입니다. 그런데 주'기도'문에 기도가 빠지면 주문이 됩니다. 주기도문이 진짜 나의 기도가 되려면 삶의 곳곳에 묻어있는 오늘의 이야기가 담겨야 합니다. 저자이신 변상봉 목사님의 글을 읽으며 매일의 삶 가운데 예수님께서 진정으로 바라고 원하시는 기도를 어떻게 드려야 하는지를 알게 되었습니다. 저자가 묵상한 주기도문이 이러한 점을 잘 보여주시는 것 같습니다.

주기도문은 우리 인생의 희로애락의 고백이 다 담겨 있는 매일매일의 기도입니다. 이렇게 기도하라고 가르쳐주신 예수님께서 우리의 모든 날 모든 순간 함께 해주심을 믿습니다. 이 책을 통해 여러분의 삶의 자리에서 멈춰진 기도가 다시 시작되기를 축복합니다.

박요한_ 프렌즈교회 목사

성경을 품은 기도, 주기도문

성경을 품은 기도

주기도문

변상봉

The Lord's Prayer

나의 기도가 되다

지우

오랫동안 부모님의 헌신적인 사랑을 받고 살던 자녀가 성인이 되어 다른 도시에 가서 살게 되었습니다. 통 연락이 없다가 부모님께 가끔씩 전화를 하는데, 돈이 다 떨어졌다면서 돈 붙여달라는 말만 합니다. 그리고는 전화를 바로 끊어버립니다. 그때마다 부모님의 마음은 얼마나 속상하실까요? '이 녀석은 돈이 떨어질 때만 전화를 한다'며 섭섭해하실 것입니다.

우리의 기도생활도 돈 떨어졌을 때만 하나님께 전화해서 돈 붙여달라고 하는, 그런 모습은 아니었나요? 저는 기도를 하려고 무릎을 꿇어도 무슨 말을 어떻게 해야 할지 막막할 때가 많습니다. 병에 걸렸을 때는 자연스럽게 병을 고쳐 달라고 기도했고, 내 힘으로 해결하기 어려운 일들을 겪을 땐 도와달라고 간구했습니다. 그런데 필요한 것들을 요구한 후에는 달리 할 말이 없어서, 부탁만 하고 자리에서 일어날 때가 많았습니다. 이런 기도를 들으시는 하나님의 마음은 아마도 돈이 떨어졌다면서 돈 붙여달라고만 말 한 뒤에 전화를 끊어버리는 아들을 보며 느끼는 부모의 마음일 것입니다.

이는 마치 하나님을 도우미나 자판기 취급하는 것입니다. 그분이 살아있는 인격체라고 생각한다면, 이렇게 일방적으로 도와달라거나 필요한 것만 '주세요'라고 기도해서는 안 될 것입니다.

기도는 간구하는 사람과 듣는 대상 사이의 대화이자 교제입니다. 그러나 하나님은 보이시지 않습니다. 말을 걸어보아도 대답이 없습니다. 아무 소리도 안 들립니다. 그럴 때마다 기도가 허공만 가르는 것 같습니다. 그래서 대화 상대는 없고 짧게 혼잣말만 할 때가 많습니다. 이런 사람들에게 기도를 '영혼의 호흡'이라고 하면 숨이 막힙니다.[1] 호흡을 하려고 해도 한숨만 나옵니다.

성경에 나오는 바리새인들은 기도를 잘했습니다. 그들은 하루 세 번 성전에 와서 기도했고 길거리에서도 기도했습니다(마 6:5). 심지어 일주일에 두 번은 금식하면서 기도했습니

---

1   예수님을 믿고 거듭난 이후에 그 영혼을 살아있게 하는 것은 기도입니다. 사람이 호흡을 통해 산소를 들이켜야 살 수 있듯이 우리의 영혼도 기도를 해야 영적 생명을 유지할 수 있습니다. 그런 점에서 기도는 영혼의 호흡입니다. 그래서 사도 바울은 쉬지 말고 기도하라고 했습니다(살전 5:17).

다(눅 18:12). 그러나 예수님은 바리새인들처럼 기도하지 말라고 하셨습니다(마 6:5). 왜냐하면 그들은 사람들에게 잘 보이려고 기도했기 때문입니다. 어떤 사람들은 오랫동안 많은 말을 하면서 기도합니다. 그러나 예수님은 말을 많이 한다고 하나님이 들으시는 것은 아니라고 하셨습니다(마 6:7-8).

그렇다면 어떻게 해야 하나님께서 들으시는 기도를 할 수 있을까요? 어떻게 기도해야 몇 시간이 지나도 시간 가는 줄 모르고 하나님과 친밀한 교제를 이어가며 기도의 응답을 받을 수 있을까요? 어떻게 기도해야 할지 막막하기는 예수님의 열두 제자들도 마찬가지였습니다. 그래서 그들은 예수님께 어떻게 기도해야 하는지 가르쳐 달라고 했습니다(마 6:8).

예수님은 그들에게 '이렇게 기도하라'(This is how you should pray)고 말씀하시며 '주기도문'을 가르쳐 주셨습니다. "하늘에 계신 우리 아버지여 이름이 거룩히 여김을 받으시오며 나라가 임하시오며 뜻이 하늘에서 이루어진 것 같이 땅에서도 이루어지이다. 오늘 우리에게 일용할 양식을 주시옵고 우리가 우리에게 죄지은 자를 사하여 준 것 같이 우리 죄를 사하여 주시옵고 우리를 시험에 들게 하지 마시옵고 다만 악에서 구하시옵소서 나라와 권세와 영광이 아버지께 영원히 있사옵나이다. 아멘"(마 6:9-13)[2]

---

2   개역개정

그렇다면 예수님이 가르쳐 주신 주기도문을 외워서 앵무새처럼 따라 하기만 하면 되는 것일까요? 실제로 많은 사람들이 교회에서 모임을 마치거나 예배 마지막 순서를 알리는 신호로 주기도문을 사용합니다. 혹은 혼자서 주문을 외우듯이 주기도문을 암송합니다.

그런데 주기도문을 잘 관찰해 보면 어떻게(how) 기도해야 하는지, 큰 틀에서 기도의 대상과 주제와 순서와 패턴 등 기도의 방법을 가르쳐 줍니다. 좀 더 구체적으로 말하자면, 우리가 누구에게 기도해야 하는지를 알려주면서 시작하고, 하나님과 우리 자신을 위해서 무엇을 어떤 순서로 간구해야 할지를 나열한 후, 하나님을 향한 찬송으로 마무리합니다.

간구의 내용은 총 7개가 나오는데, 앞의 세 가지는 하나님께 초점을 맞춥니다. 하나님의 이름을 거룩하게 하고, 하나님의 나라가 임하고, 하나님의 뜻이 이 땅에서도 이루어질 것을 간구합니다. 뒤의 네 가지는 인간의 필요와 관련된 것들입니다. 일용할 양식과 죄용서와 인간을 넘어지게 하는 시험과 악, 그리고 우리가 바라고 찬양해야 할 것들에 대한 간구입니다. 이 기도제목들은 모두 굉장히 광범위한 개념을 가지고 있습니다. 다시 말해 구체적이지 않고 매우 모호합니다.

따라서 이 주기도문을 암송해서 그대로 읊기만 한다면, 사실상 무엇을 구하는지도 모르게 됩니다. 마치 뜬 구름 잡는 것 같을 것입니다. 이렇게 되면 주기도문은 나와는 상관없는 죽은 기도문이 되고 맙니다. 이런 점에서 마틴 루터는 주기도문이 이 지상에서 가장 많이 순교를 당했다고 말했습니다.[3]

기도는 구체적이어야 합니다. 그래야 마음이 실리고 영혼이 살아 움직입니다. 주기도문을 통해 구체적으로 기도하기 위해서는 먼저 주기도문에 나타난 모든 단어와 문장이 각각 무엇을 의미하는지 생각해 보아야 합니다. 시중에 나와 있는 주기도문에 대한 많은 책들이 단어 하나하나에 이르기까지 그것이 무엇을 의미하는지 깊이 고찰하고 있습니다. 그래서 그 책들은 주기도문에 나타난 하나님의 뜻을 이해하는데 많은 도움을 줍니다.

그러나 책을 덮고 막상 기도할 때는 그 책들을 통해 배운 것들이 거의 생각나지 않습니다. 책을 읽을 동안에는 이렇게 기도해야 되겠다고 생각했지만 책을 덮고 나서는 잊어버리는 것입니다. 특별한 천재가 아닌 보통 사람들의 기억력의 한계입니다. 따라서 대부분의 사람들에게 책을 통해서 이해한 것들이 나의 실제적인 기도가 되지는 못합니다. 그래서 책을 읽기 전과 비교해 볼 때, 기도는 크게 달라지지가 않았습니다.

---

3 마르틴 루터, 『마르틴 루터의 단순한 기도 〈A Simple Way to Pray〉』, 김기석 역(IVP, 2017), 25.

이것은 우리가 책을 통해 배운 것들을 나의 삶에 구체적으로 적용시켜서 나의 기도로 소화하지 못했기 때문입니다.

그렇다면 책들을 통해 배우고 이해한 바를 나의 기도로 만들기 위해서는 어떻게 해야 할까요? 책을 통해 배우고 이해한 바를 나의 삶과 나의 신앙의 맥락에서 구체적으로 어떻게 기도해야 할지를 생각해 보고 그것을 글로 기록해 보면 좋습니다. 다시 말해 예수님이 가르쳐 주신 주기도문의 한 문장, 한 문장을 구체적인 나의 기도문으로 바꾸는 것입니다.

원고 없이도 설교를 잘하시는 분들이 있는데, 대부분의 설교자들은 원고 없이 생각나는 대로 설교하기보다 원고를 준비해서 설교합니다. 마찬가지로 기도도 글로 적어서 잘 다듬은 후에 그것을 보면서 해 보면 더 논리적이고 더 명쾌하게 할 수 있습니다. 생각나는 대로 말하기보다, 정성껏 편지를 써서 말하는 것이 진심을 전하는데 더 효과적이듯 말입니다. 사실은 하나님도 성경이라는 글로 우리에게 말씀하십니다. 특히 신약성경에서는 편지 형식의 글로 우리에게 말을 걸고 메시지를 전달하시는 경우가 아주 많습니다. 바울의 글들이 다 서신, 즉 편지가 아닙니까!

주기도문을 구체적인 나의 기도문으로 바꾸어 보면, 주기도문이라는 뼈대에 살이 붙는 것을 보게 될 것입니다. 그런 후에 성령을 구해 보십시오. 하나님께서 나의 기도문에 성령의 기름을 부어주시면 나의 기도문은 살아 움직이게 될 것입니다(창 2:7, "여호와 하나님이 땅의 흙으로 사람을 지으시고 생기를 그 코에 불어넣으시니 사람이 생령이 되니라").

저는 '주기도문'의 한 단어, 한 단어에 담긴 하나님의 뜻을 찾아보았습니다. 그랬더니 주기도문이 성경 66권의 모든 가르침을 품고 있는 것을 알게 되었습니다. 이런 점에서 저는 주기도문을 '성경을 품은 기도문'이라고 생각합니다. 실제로 주기도문은 성경 전체에 흐르는 하나님의 창조와 인간의 타락, 예수 그리스도의 구속(구원)과 구속의 완성인 재림의 대장정의 스토리를 핵심적인 단어들로 압축해 놓았습니다. 그 결과 구원의 복음이 간결하면서도 매우 선명하게 드러납니다. 이러한 성경의 핵심 스토리와 복음이 주기도문에 담겨있음을 이해하고서 주기도문을 나의 기도로 사용해 보면, 자연스럽게 기도가 성경 말씀과 복음에 대한 신앙고백이 되고, 내 영혼을 날마다 성경 말씀과 복음 신앙 위에 태워 믿음의 대로를 질주하게 할 것입니다.

저는 항상 주기도문을 통해 나의 기도를 들으시는 하나님이 누구시고, 기도하는 나는 누구이며, 나의 구원은 어디에 있는지를 확인합니다. 그래서 주기도문을 사용할 때마다 복음의 완성자가 되시는 구주 예수님을 더 깊이 붙들게 되고, 예수님을 통해 하나님과의 더 깊은 교제 속으로 들어가게 됩니다.

기도는 단순히 원하는 바를 구하는 것만이 아닙니다. 단지 소원을 비는 것이 기도라면, 이는 정한수를 떠 놓고 복을 비는 기복신앙과 다를 바가 없습니다. 그런 기도는 아무리 일 년 내내 열심히 하더라도 나의 신앙을 그저 기복 신앙에 머물게 할 뿐입니다. 이런 신앙은 오히려 영혼을 망치고 교회를 망치며 세상을 망칩니다.

참된 기도는 예수님과 하나 되어 기도하는 것입니다. 이런 기도만이 죄를 이기고 인격의 변화와 영적 성장을 이룹니다. 그래야지만 우린 하나님의 뜻을 이룰 수 있습니다. 사도행전 8장 22절을 보면, 베드로는 돈으로 성령을 사려는 마술사 시몬을 향해 주께 기도하라고 말합니다. 이때 사용된 '기도하라'에 해당되는 헬라어는 단순히 소원히 빌라는 의미를 가진 '프로슈코마이'가 아닙니다. '묶다', '붙들어 매다'라는 뜻을 가진 '데오마이'(δέομαι)입니다. 그러므로 기도는 나를 예수님께 묶는 것입니다. 나의 마음을 예수님의 마음에 묶고 나의 믿음을 예수님의 십자가와 부활의 복음에 붙들어 매고, 나의 생각을 예수님의 말씀에 동여매는 것입니다. 그래서 내가 예수님 안에 거하고 예수님이 내 안에 거하심으로 예수님과 하나 되어 기도하는 것입니다.

기도란 본질적으로 개인적이며 인격적입니다. 그러기에 우리의 삶과 분리될 수 없습니다. 무엇보다 자신의 신앙과 밀접

한 관계가 있습니다. 따라서 이 책에 담긴 저의 기도문이 나와 다른 삶을 살아오고 다른 신앙생활을 해 온 분들에게는 만족할만한 기도문이 아닐 수도 있습니다.

그런데 어떤 은혜로운 찬송가는 모든 이들이 자신의 찬송가로 삼아서 부르기도 합니다. 그것은 누구에게나 해당될 수 있는 보편적인 내용이 그 찬송가에 담겨있기 때문입니다. 이 책은 많은 부분이 우리 모든 인간들을 향한 성경의 가르침을 담고 있습니다. 따라서 지극히 개인적인 것을 제외한 나머지 성경에 기초한 내용들은 많은 사람들의 보편적인 기도문이 될 수 있습니다. 그런 점에서 독자들이 이 책을 보면서 기도하면 이 책이 독자들의 기도문이 될 수도 있다고 생각합니다. 또한 독자들이 이 책을 참고해서 각 장 말미에 제공되는 기록란에 나만의 성경적인 기도문을 적어 보길 권합니다.

복음을 알고 나서 기도의 중요성을 인식했으나, 어떻게 기도해야 할지, 무엇을 간구해야 할지 막막할 때, 이 기도문 -『성경을 품은 기도, 주기도문』- 은 좋은 길잡이가 될 것입니다. 이 책을 가지고 기도해 보면, 기도가 분명한 실체가 있는 대상에게 구체적인 내용을 가지고 주고받는 살아있는 기도가 되는 것을 경험하게 될 것입니다.

살아있는 기도, 그래서 당신이 응답하시는 기도보다 놀라운 축복은 없습니다. 주안에서 우리가 원하는 것은 다 가질 수 있습니다(요 15:7). 물론 정욕을 위해서 구하는 것은 받지 못합니다(약 4:3). 그러나 주 안에서 당신이 우리에게 베풀어 주기를 원하시는 것들은 다 받을 수 있습니다. 이 책을 통해 기도가 주는 놀라운 유익을 풍성하게 얻게 되기를 바랍니다.

관악산 아래에서

변상봉

1부

하늘에 계신 우리 아버지

The Lord's Prayer

_____

_____

_____

_____

1. 어디에나 계시는 하나님(Omnipresent God)

빛나고 높은 하늘 보좌에 앉아 뭇 천사들과 앞서간 성도들의 찬양을 받으며 만유를 다스리시는 영광의 하나님(사 6:1-4; 계 4:1-5 :16, 7: 9-10), 당신은 하늘에 가득하십니다. 가장 높은 천국뿐만 아니라, 끝없이 펼쳐지는 광활한 우주 공간의 구석구석까지 당신의 숨결이 느껴지지 않는 곳은 하나도 없습니다. 새들이 날아다니는 파란 창공에도 계시고, 제가 걷는 이 땅 모든 곳에도 당신은 충만히 임재(臨在)해 계십니다.

2. 천지를 창조하신 하나님

하나님, 당신은 스스로 존재하십니다. 당신은 모세에게 히브리어로 '에흐예 아셰르 에흐예'라고 하셨습니다(출 3:14). 즉 '나는 (나로) 있다', '나는 있음이다', '나는 존재다'라며 자신의 존재를 현현하셨습니다.[4] 당신은 천지 만물이 생겨나기 전부터 있어온 유일한 존재로서, 모든 존재물들을 존재하게 하실 수 있는 분이십니다. 그래서 태초에 천지를 창조하셨습니다 (창 1:1). 그러므로 당신은 온 우주의 모태로써 만물이 다 주님으로부터 나왔습니다.

당신은 눈에 보이지 않는 하늘인 천상의 세계를 만드셨습니다. 그리고 그곳에 살 수 있는 존재로 천사들을 창조하셨습니다.[5] 그들은 눈에 보이지 않으나 살아있는 인격체로서 당신을 섬기고 있습니다. 천상의 세계는 지상에 존재하는 육체나 물질이 거하지 못합니다. 영들만이 살 수 있습니다.

당신은 또한 눈에 보이는 지상의 세계를 만드셨습니다. 온 우주에 빽빽이 들어찬 수많은 별들이 다 아버지 당신의 작품입니다. 그 별들 안에 존재하는 모든 물질도 다 지으셨음을 압니다. 당신은 특히 푸른 지구에 땅과 창공과 바다를 창조

---

4   김용규, 『신』(IVP, 2018), 94-95.

5   밀라드 J. 에릭슨, 『복음주의 조직신학 上』, 신경수 역(크리스챤 다이제스트, 1983), 498-499.

하셨습니다(창 1:6-10). 그 속에 각종 나무들을 비롯한 아름다운 꽃들과 풀과 걷고 뛰고 날고 헤엄치는 수많은 생명체도 만드셔서 이 공간을 질서 있고 조화롭게 채워주셨습니다(창 1:11- 25). 그리고 이 충만한 세상을 다스리고 관리하는 자로 우리 인간을 창조하셨습니다.

당신은 이 모든 천지와 만물을 당신의 입에서 나오는 '말씀'으로 창조하셨습니다. 그 말씀의 권능(power)이 얼마나 압도적으로 강한지, 당신께서 말씀하시는 그대로 한 치의 오차도 없이 이루어졌습니다(창 1:3, 7, 9, 11, 15). 또한 창조하신 이 세상과 그 속의 질서와 조화와 섬세함과 눈부신 아름다움을 보면, 그 창조의 예술적 솜씨가 그저 경이로울 뿐입니다.

세상의 어떤 신(神)도 자신을 이러한 권능을 가진 창조주라고 선포하지 않았습니다. 우주의 기원과 우리 인간의 시작에 대해서도 이렇게 명백하게 밝혀주지 않았습니다. 아버지 외에 세상에서 신이라 불리는 것들은 다 가짜요, 우리들이 지어낸 것입니다. 우리의 욕망의 산물일 뿐입니다. 모두 다 거짓되고 인간적이며 정욕적입니다. 그 어떤 것도 하나님과 같은 거룩함이나 완전한 신성은 없습니다. 온 우주 만물의 모태가 되지 못합니다. 오직 천지를 창조하신 당신만이 진정한 신이십니다.

3. 우리 인간을 당신의 형상대로 만드신 하나님

당신께서는 우리 인간을 당신의 형상을 따라 창조적인 지성 (知性)과 희로애락의 풍성한 감정(emotion)과 자유로운 의지 (意志)의 지정의(知情意)와 온 세상을 따뜻하게 감싸 안는 사 랑과 우주적인 통치력을 가진 불멸의 영혼으로 만드셨습니다 (창 1:26). 이 영혼은 당신의 보좌가 있는 천상의 하늘을 출입 하며 당신과 대화하고 교제할 수 있는 영입니다. 그러나 당신 은 그 영혼을 흙으로 빚은 아름다운 육체에 담아(창 2:7), 이 땅 지상에서 당신을 대신하여 생육하고 번성하며 세상을 다 스리고 정복하게 하셨습니다(창 1: 27-28). 이렇게 볼 때, 우리 인간은 아버지의 형상대로 만들어져서 천상의 하늘과 지상의 땅을 잇는 매우 특별한 존재임을 고백합니다.[6]

주님께서는 당신의 눈을 우리 인간에게 향하십니다. 우리 인간이 만들어지고 나서 보시니, 당신이 만드신 좋은 세상 (창 1:10, 12, 18, 21, 25)은 더욱더 좋아져서 심히 좋게 되었습 니다(창 1:31). 우리 인간의 존재가 창조의 화룡점정이었던 것 입니다. 우리 인간 때문에 좋은 세상이 더욱 좋아졌다는 말 씀으로 우리 인간에게 엄청난 존재 의미를 더해 주셨습니다. 세상을 살아가면서 나 때문에 분위기가 싸늘해지고 나 때문

---

6   김남준, 『깊이 읽는 주기도문』(생명의말씀사, 2013), 208-209.

에 안 좋아지는 일들이 얼마나 많은지 모릅니다. 그래서 사람들의 환영을 받지 못하고 오히려 무시와 냉대를 받는 일이 얼마나 많은지 모릅니다. 그런데 나 때문에 주님 보시기에도 좋은 세상이 더욱 좋아져 심히 좋아졌다니! 나와 우리 인간이 당신의 눈에 그렇게도 좋은 존재라는 사실은 우리에게 무한한 행복을 줍니다. 너무나 고맙고 감사합니다.

4. 에덴동산을 만들어 주신 하나님

당신은 우리에게 놀라운 사랑의 선물을 주셨습니다. 먹기에 좋은 각종 열매 맺는 나무들이 가득하고 다양한 색상의 아름다운 꽃들이 만발한 에덴동산을 주셨습니다(창 2:8). 이 동산 한가운데로 네 개의 강이 맥맥이 흐르게 하셨습니다. 그리고 그 강들에게 햇빛을 받아 반짝이는 순금과 진주 등 각종 진귀한 보석들이 박힌 모래 옷을 입혀 주셨습니다. 이렇게 화려한 옷을 입고 흐르는 네 개의 강이 에덴동산을 아름답게 수놓게 하셨습니다. 이 강들을 자세히 보면, 단순한 물이 아니었습니다. 네 개의 강은 하나님의 엄청난 사랑을 싣고 온 세상을 향해 달리는 거대한 사랑의 열차였습니다(창 2: 10-14).

당신은 우리 인간에게 이 에덴동산을 주시고, 이곳에서

살게 해주셨습니다. 무엇이든지 자유롭게 먹고 마시고 즐기며, 무한한 생명과 기쁨과 행복을 누리게 하셨습니다(창 2:16). 그리고 그 동산을 경작하고 관리하게 하셨습니다(창 2:15). 세상에 이보다 더 좋은 집과 이 보다 더 좋은 직장이 어디에 있겠습니까?

당신은 또한 에덴동산의 중앙에 인간이 따 먹기만 하면 육체까지도 영생을 얻을 수 있는 생명나무를 심어주셨습니다(창 2:9, 16). 에덴과 영생의 축복까지, 우리 인간에게 이렇게까지 좋은 선물을 주신 주님께선 분명 우리와 깊은 사랑에 빠지신 것이 분명합니다.

5. 사랑의 징표, 선악과

하나님, 그런데 당신께서 주신 에덴의 축복은 우리 인간들이 감당하기에는 너무나 큰 것이었습니다. 에덴의 축복이 너무나 커서 그 축복에 빠져 자칫 당신을 잊어버릴 위험도 있었습니다. 마치 처음부터 나의 것인 양, 당신께서 이 모든 축복을 주셨음을 까맣게 잊어버릴 수 있었습니다. 당신은 이것을 잘 아셨습니다. 그래서 '선악을 알게 하는 나무'를 만들어 주시며, 다른 모든 나무 열매는 자유롭게 따 먹어도 되지만 선악을 알게 하는 나무의 열매만은 따먹지 말라고 하셨습니다 (창 2:17). '따먹으면 반드시 죽이겠다'고 경고하셨습니다. 이 경고는 무서운 것입니다. 그러나 이 경고를 통해 우리로 하여금 당신을 경외하게 하셨습니다. 그래서 사람을 만드시고 만드신 사람을 지극한 사랑으로 돌보아 주시는 당신의 존재를 한시도 잊지 않게 하셨습니다.

당신은 선하시고(God is good) 당신이 만드신 세상도 선합니다. 당신은 우리 인간에게 그것을 알 수 있는 지각을 주셨습니다. 우리가 이 선한 세계에 계속해서 살아가기 위해서는 선하신 당신의 말씀에 순종해야 함을 잘 압니다. 우리에게 자유의지를 주셔서 친히 당신께 순종할 수 있게 하시니 감사합니다. 하나 우린 이것으로 또한 당신께 불순종합니다.

주님께서 죄를 지을 가능성이 있는 우리에게 자유의지를 왜 주셨을지 생각해 봅니다. 이것은 인간을 로봇이나 기계가 아니라 당신과 같은 인격체로 만들기 원하셨고, 자유로우면서도 자발적으로 당신께 순종하며 관계를 맺을 때 최고의 진정한 행복을 누릴 수 있기 때문임을 되새겨 봅니다.[7]

자유의지가 가진 죄를 지을 가능성에 대해서는 당신께서 그 가능성이 실현되지 않도록 최선의 조치를 취해주셨습니다. 우리가 자유의지로 죄를 짓지 않도록 돕고자 선악을 알

---

7 C. S. 루이스, 『순전한 기독교』 장경철, 이종태 역(홍성사, 2022), 87.

게 하는 나무를 만들어 자유의지를 어떻게 사용해야 하는지를 친절하게 가르쳐 주셨습니다. 그것은 선뿐만 아니라 악도 알게 하는 선악과 열매를 따먹지 않으면 되는 것임을 압니다. 이럴 때 우리는 악은 모른 채 선한 것만 알며, 선한 세계에서의 모든 축복된 삶을 영위해 나갈 수 있었을 것입니다.

따라서 이 선악과가 우리 인간이 악에 빠지지 않도록 하기 위해 주신 사랑의 선물임을 고백합니다. 결코 당신이 선악과를 만들고 그것을 따먹지 말라는 계명을 주셨기 때문에 우리가 죄를 지은 것이 아님을 압니다. 이것이 에덴의 축복과 빛나는 신적 형상을 잃어버리지 않도록 우리 인간의 생명과 우리의 모든 좋은 것을 지켜주기 위한 것이었음을 고백합니다.

하나님, 당신은 우리가 이러한 사랑 속에서 당신의 말씀에 순종해서 살아갈 때 어린아이가 커 가듯 우리 안의 신적 형상도 성장하여 영과 육이 온전한 영생을 누릴 수 있게 하셨습니다. 그렇게 성장하고 성숙해진 형상을 또한 우리 후손들에게 물려줄 수 있게 하셨습니다.

당신께서 선악을 알게 하는 나무를 만드시고 그 열매를 따먹지 말라는 계명을 주신 이 모든 것이 당신의 놀라운 사랑임을 고백합니다. 마치 결혼식 때 신랑이 신부에게 사랑의 징표로 끼워주는 반지와도 같은 눈부신 사랑의 선물입니다. 당신은 정말 너무나도 좋으신 분이십니다. 고맙고 진심으로 감사합니다.

6. 희로애락의 감정을 가진 인격체

당신은 모든 것을 아시고 모든 것을 하실 수 있는 전지전능하신 분입니다. 그렇다고 감정은 없고 진지한 철학적 이성과 엄청난 성능의 기계적인 능력만을 가지고 계신 분은 아니며, 사랑, 평화, 정의, 거룩 등과 같은 추상적인 개념들의 이론적인 복합체도 아니십니다.[8] 당신은 섬세한 감정과 자유의지를 가지고 우리 인간처럼 느끼고 반응하시는 살아있는 인격체이십니다.[9] 그래서 세상과 특히 인격을 가진 우리와 풍성한 감정을 교감하며 구체적인 관계를 맺고 계심을 압니다.

당신은 이 땅의 모든 생명체들과 만물을 인간의 통치 하에 두신 후, 그 모든 것을 보시고 큰 기쁨의 감정을 드러내셨습니다(창 1:31). 얼마나 기분이 좋으셨던지, 온 우주가 들썩일 정도로 큰 기쁨의 춤을 추시지 않았을까 생각합니다. 그

---

8   류호준, "하나님의 파토스와 예언자 예레미야" in 『정의와 평화가 포옹할 때까지－류호준 교수의 신학에세이 모음』 (무지개 성서학 연구소) 108-109.

9   이 하나님에 대해 류호준은 같은 책 109쪽에서 이렇게 말했다. "인간사 안에 들어오시고, 인간사 안에 거하시고, 인간사 안에 동참하시는 당신이야말로 추상적 개념들과 속성들로 뭉쳐진 분노와 좌절 속에 계시는 '우리들 가운데 계신 하나님'인 것이다."

렇지 않으신가요?

인간이 죄를 짓고 먼 나라로 떠난 이후 당신은 주로 슬픔의 감정을 드러내셨습니다. 자주 우셨습니다. 때론 좌절하시며 탄식하셨습니다(창 6:5-6). 이사야 1장 2-4절을 통해 고뇌와 슬픔 속에서 비통한 감정을 쏟아내시는 당신의 모습을 봅니다. "하늘이여 들으라 땅이여 귀를 기울이라 여호와께서 말씀하시기를 내가 자식을 양육하였거늘 그들이 나를 거역하였도다. 소는 그 임자를 알고 나귀는 그 주인의 구유를 알건마는 이스라엘은 알지 못하고 나의 백성은 깨닫지 못하는도다 하셨도다. 슬프다 범죄한 나라요 허물 진 백성이요 행악의 종자요 행위가 부패한 자식이로다. 그들이 여호와를 버리며 이스라엘의 거룩하신 이를 만홀히 여겨 멀리하고 물러갔도다" 당신은 너무 화가 나서 사자처럼 포효하시며 분노의 소리를 지르신 적도 있습니다(암 1:2).

당신께서 왜 이토록 격렬한 감정들을 쏟아내셨는지 알 것 같습니다. 이는 당신의 형상대로 만든 우리에 대한 사랑 때문입니다. 우리에 대한 포기할 수 없는 사랑 때문에 아파하심을 압니다. 인간의 부모도 자녀가 어떠한 잘못을 한들 화를 내고 벌을 주어서라도 어떻게든 바로 잡으려 하는데, 아무리 노력해도 부모와 멀어져 갈 때 가슴이 찢기듯 아파하며 괴로워하는데 거룩하신 주님의 마음과 감정은 어떠하겠습니까? "여인이 어찌 그 젖 먹는 자식을 잊겠으며 자기 태에서 난 아들을 긍휼히 여기지 않겠느냐 그들은 혹시 잊을지라도 나는 너를 잊지 아니할 것이라"(사 49:15)는 말씀을 통해 주님의 마음을 생각해 봅니다.

탕자의 이야기를 통해(눅 15) 창조주 하나님의 사랑을 외면하고 그분의 가슴에 못질을 한 채 배은망덕한 삶을 살고 있는 우리의 모습을 회개합니다. 그럼에도 주님, 당신은 우리를 계속해서 기다려주십니다. 날마다 집 나간 아들을 기다리시며 마을 어귀까지 나갔다가 돌아서서 걸어가시는데, 그 뒷모습이 얼마나 허전한지 그저 죄송할 뿐입니다. 밤마다 대문을 열어놓고 잠 못 이루는 모습을 보며 우리를 향한 당신의 사랑이 얼마나 질기고 강한지를 느낍니다. 마침내 긴 겨울이 지나고 둘째 아들이 자신의 죄를 깨닫고 돌아왔을 때, 멀리서부터 달려가 목을 안고 입을 맞추는 그 모습(눅 15:20)을 통해, 우주의 심연에서 폭발적으로 솟구쳐 올라와 온 세상을 따뜻하게 덮어 주시는 창조주 하나님의 웅장한 사랑을 느낍니다.

돌아온 아들을 위해 잔치를 베풀며 세상에서 가장 큰 기쁨을 노래하는(눅 15:24) 장면을 보며, 우리를 향한 아버지의 깊은 사랑을 다시 한번 확인합니다.

당신은 이처럼 사랑에 기반한 희로애락의 풍성한 감정을

소유하시고 그 감정을 가지고 우리와 관계를 맺으시는 분입니다. 우리의 반응에 상처를 입기도 하시고, 우리의 반응에 심장을 두근거리며 큰 기쁨과 사랑의 감정을 드러내기도 하십니다.[10] 당신은 이렇게 감정을 통해서도 교제하시는 인격적인 존재이십니다.

7. 우리 아버지

우리를 당신의 빛나는 형상대로 만드시고 모든 좋은 것을 공급해 주실 뿐만 아니라 안전하게 지키시고 돌보시며 사랑의 감정으로 관계해 주시는 당신은 우리의 참된 아버지이십니다. 이러한 하나님의 독생자이신 예수님께서는 이 땅에 계실 때, 늘 성령님을 통해 성부 하나님과 교제하셨습니다(요 17:21). 예수님은 하나님의 자녀가 된 우리도 당신처럼 아버지와 자녀 간의 친밀한 교제를 나누도록 '주기도문'을 가르쳐 주셨습니다. 그러므로 우리는 주기도문을 통해 예수님처럼 아버지와 자녀 간의 친밀한 교제를 나눌 수 있습니다.

천지를 창조하신 하늘의 하나님과 아버지와 자녀 관계의

---

10   Abraham J. Heschel, *The prophets: Volume II* (New York / Hagerstown / San Francisco / London : Harper & Row, 1975), 3-4.

친밀한 교제라니! 얼마나 황홀하고 영광스러운 일입니까? 당신을 아버지라고 부를 수 있다니! 당신을 아버지, 아빠라고 마음껏 불러도 된다니! 세상에 이보다 더 큰 축복이 어디에 있겠습니까?

하늘에 계신 우리 아버지, 제가 하나님을 아버지라 부르면, 당신은 하늘 문을 여시고 인자하심으로 저를 맞아주십니다. 그리고 '사랑하는 내 자녀가 왔구나'라고 하시면서 저로 인하여 기쁨을 이기지 못하십니다. 잠잠히 저를 사랑하시고 즐거이 부르시며 저의 말은 무슨 말이든 다 기쁘게 들어주십니다(습 3:17). 당신은 날마다 기도하러 나아오는 당신의 자녀들에게 자녀들이 감당할 수만 있다면, 하늘 창고를 열고 하늘 보화를 하나도 남김없이 다 쏟아부어주시는 분입니다.

당신은 저만의 아버지가 아닌 우리 모두의 아버지이십니다. 제가 사랑하고 사랑해야 할 세상 모든 사람들의 아버지이십니다. 그래서 저는 세상에서 만나는 수많은 귀하고 아름답고 좋은 사람들과 하나님 안에서 혈육보다 더 가까운 가족이 될 수 있고, 그들과 함께 아버지 하나님의 풍성한 사랑과 넘치는 축복을 누릴 수 있음을 압니다. 이 얼마나 감사한 일입니까? 하나님, 고맙고 감사합니다.

날마다 저의 일거수일투족을 살피시고 저의 모든 것을 아시고(시 139:1-4) 눈동자와 같이 지키시는 하나님(신 32: 10),

당신과 마주 앉아 있으면 저는 절대 불행한 사람이 아닙니다. 고아처럼 외롭거나 가난하지도 않습니다. 세상에서 가장 인자하시고 유능하시고 부유하신 아버지가 생겼고 그 아버지의 무한한 사랑의 대상이 되었기 때문입니다. 아버지 당신이 소유하고 계신 천지의 모든 것이 이제 다 제 것이 됩니다(눅 15:31). 사랑이 많으신 당신께서는 자녀인 우리를 자신의 분신이요 자신과 하나라고 생각하시기 때문입니다. 우리를 사랑하시고 우리와 이 세상 모든 것을 공유하시기 때문입니다. 우리는 당신을 아버지라 부르면서 당신이 가지신 모든 것을 공유할 뿐만 아니라 당신의 무한한 사랑을 누립니다.

당신께서 나의 아버지, 우리의 아버지이심을 생각할 때 가슴이 뛰고 너무나 기쁩니다. 아직 아버지라는 말 밖에 하지 않았지만 이미 세상을 다 얻은 것 같은 황홀함을 느낍니다. 그러므로 이 하나님을 아버지라 부르며 하나님 앞에 무릎을 꿇은 이 기도의 자리는 이 세상에서 가장 영광스러운 자리, 가장 큰 행복과 즐거움과 은총의 자리임을 고백합니다.

이 기도의 자리에서 하늘에 계신 우리 아버지를 묵상할 때, 하늘과 땅에 가득한 당신 앞에서 저의 존재는 참으로 먼지보다도 작고 보잘것없는 존재임을 깨닫습니다. 크신 하나님 앞에서 티끌보다 작은 제가 어찌 교만할 수 있겠습니까? 오로지 하나님 아버지로 제 영혼이 가득 채워지기를 소망합니다.

　하늘에 계신 우리 아버지, 이 시간 제가 예수님이 가르쳐 주신 주기도문을 저의 기도문으로 만들어 가면서 예수님처럼 하나님과 아버지와 자녀 간의 친밀한 교제를 나눌 수 있기 원합니다. 이 기도문에 성령의 기름을 부어주세요. 아버지께서는 제가 시도 때도 없이 찾아와서 말을 걸고 그 어떤 사소한 이야기라도 나누는 것을 좋아하실 줄 믿습니다. 제가 '아빠'하고 부르면, 언제나 저의 말에 귀를 기울여 주시고 저의 눈물을 닦아 주시며 위로해 주시고 격려해 주시는 분이라 믿습니다. 저를 귀한 자녀로 여겨주시고 아껴 주시며 사랑해 주시는 하나님 아버지께 제 마음을 활짝 열고 나아갑니다.

✦✦✦ 나의 주기도문 ✦✦✦

1. 어디에나 계시는 하나님(Omnipresent God)

....

....

....

....

2. 천지를 창조하신 하나님

....

....

....

....

3. 우리 인간을 당신의 형상대로 만드신 하나님

....

....

....

....

4. 에덴동산을 만들어 주신 하나님

....

....

....

....

....

5. 사랑의 징표, 선악과

6. 희로애락의 감정을 가진 인격체

7. 우리 아버지

2부

아버지의 이름을 거룩하게

The Lord's Prayer

1. 거룩하신 하나님

하늘에 계신 우리 아버지, 천지를 창조하신 권능과 우리 인간에게 베푸신 당신의 사랑은 참으로 경이롭습니다. 무엇보다 당신의 영광은 지극히 거룩합니다. 세상 모든 것들과 구별되고 세상 모든 것을 초월합니다. 어떠한 어두움과 더러움과 죄도 없으며 영원토록 찬란합니다.

거룩하신 하나님 앞에서 저는 참으로 악하고 비참한 죄인입니다. 감히 고개를 들고 거룩하신 하나님을 바라볼 수가 없습니다(눅 18:13). 제가 어떻게 감히 당신께 가까이 나아가 기도할 수 있겠습니까? 그럼에도 저를 사랑하시고 예수님을 통해 기도를 가르쳐 주시며, 당신 앞에 나아와 기도하도록 이끌어주시는 하나님, 당신의 은혜와 사랑에 감격합니다.

2. 아버지의 영원한 이름, '여호와'

아버지 하나님, 당신은 보이지 않고 초월적인 당신을 부르며 소통할 수 있도록 우리에게 당신의 이름을 가르쳐 주셨습니다. 당신은 모세가 '당신은 누구십니까?'라고 묻자, "나는 스스로 있는 자이니라 … 너희 조상의 하나님 '여호와' 곧 아브라함의 하나님, 이삭의 하나님, 야곱이 당신께서 나를 너희에게 보내셨다 하라 이는 나의 영원한 이름이요 대대로 기억할 나의 칭호니라"라고 말씀하셨습니다. '여호와'는 당신께서 우리에게 알려주신 이름입니다. 그 뜻은 문자적으로는 히브리어 '하야' 동사(to be)의 3인칭 단수 형태로 '그는 있다'(he is), '그는 존재한다'(he exists), 또는 '그는 현존한다'(he is present)는 의미입니다.[11] 이 '여호와'라는 단어가 성경에서 가지는 맥락적 의미는 '스스로 존재하시는, 영원하고 전능하신 분으로 인간들과 언약(言約)을 맺고 그 언약을 반드시 지키시는 신실하신 하나님'이라는 뜻입니다. 우리는 알려주신 이 이름 – '여호와' – 을 부르며 당신과 소통할 수 있습니다.

---

11   김용규, 같은 책, 95.

물론 주님과 주님의 이름은 별개입니다. 그러나 당신은 우리가 당신의 이름을 당신과 동일시할 수 있게 해주셨습니다. 그래서 그 이름을 높임으로 당신을 높일 수 있게 해주셨습니다. 그 이름을 찬송하며 주님을 찬송할 수 있게 해주신 당신의 은혜에 감사드립니다.

3. 아버지의 이름을 거룩하게 여겨야 하는 이유

사실 보잘것없는 우리가 주님을 어떻게 부르든, 어떻게 대우하든 그것이 주님께 무슨 의미가 있겠습니까? 무슨 도움이 되겠습니까? 당신은 당신에게 누가 어떤 영광을 돌리든, 무슨 일을 하든 상관없이 지극히 거룩하게 빛나는 영광을 영원히 홀로 가지고 계십니다. 어느 누구도, 그 무엇도, 온 우주에 빛나는 당신의 영광을 감소시킬 수 없고 더욱 빛나게 할 수도 없습니다. 그러므로 우리가 주님의 이름을 거룩히 여기든 말든 그것은 무시하셔도 됩니다.

그러나 당신은 우리가 당신의 이름을 거룩히 여기기를 바라십니다. 그리고 우리가 그 이름을 거룩히 여길 때 매우 기뻐하십니다. 우리를 당신의 자녀로 여기시며 사랑하시기 때문입니다. 아버지는 자신의 사랑하는 자녀가 '우리 아빠 최고!'라며 아버지를 향해 엄지손가락을 들면, 그것을 다른 어떤 사람들의 인정보다도 가장 기뻐하며 소중히 여깁니다. 마찬가지로 당신은 우리의 아버지로서 우리 자녀들이 당신의 이름을 부르며 당신의 능력과 사랑에 감사하고, 세상 모든 것들과 구별하여 높이며 찬양하는 것을 세상 그 무엇보다 좋아하십니다. 우리가 아버지를 향해 엄지 척을 하거나 두 손을 높이 들어 찬양하면, 당신은 그것을 보시고 좋아서 어쩔 줄을 몰라하십니다.

부모는 그 어떤 유명한 오케스트라의 공연보다도, 유치원 발표회에서 펼쳐지는 내 자녀의 공연을 훨씬 더 좋아합니다. 자녀들이 집에서 아빠를 위한 생일 축하노래를 부르고 생일 축하 편지를 읽어주는 것에 얼마나 감동하는지 모릅니다. 마찬가지로 주님, 당신은 온 천지 만물이 다 모여 우주적인 오케스트라를 이루어 찬양하는 것보다 당신을 쏙 빼닮은 당신의 자녀인 우리의 영혼에서 우러나오는 찬양에 더 흥분하시고 더 흐뭇해하십니다.

4. 말과 마음의 묵상이 열납되기를

우리의 영혼은 하나님의 형상의 백미입니다. 그래서 온 우주

만물 중에서도 당신의 영광이 가장 찬란하게 빛나는 곳이 바로 우리 인간의 영혼입니다.[12] 주님, 이 사실을 누구보다 잘 알았던 다윗의 노래를 묵상하며 기도합니다.

1 하늘이 하나님의 영광을 선포하고
　창공은 주님의 솜씨를 널리 알립니다.

2 낮은 낮에게 말하고
　밤은 밤에게 아는 것을 알려 줍니다.

3 언어가 없고 말하는 소리도 없고
　들리는 소리도 없지만

4 그 소리들은 온 땅에 두루 퍼지고
　땅 끝까지 퍼져 나갑니다.
　주님께서 해를 위하여 하늘에 천막을 치셨습니다

5 해는 마치 신방에서 나오는 신랑 같고
　씩씩하게 달리는 용사와도 같습니다.

6 해가 하늘 이 끝에서 나와
　하늘 저 끝으로 돌아갑니다.
　그 뜨거운 열기로부터 숨을 자가 없습니다.

7 주님의 가르침은 완전하여

12　존 칼빈, 『기독교 강요(상)』, 김종흡, 신복윤, 이종성, 황철하 역(생명의말씀사, 2000), 293.

사람에게 새 힘을 줍니다.

주님의 법은 믿을 만하여

어리석은 사람을 지혜롭게 합니다.

8 주님의 분부는 올바르며

사람들의 마음에 기쁨을 줍니다.

주님의 명령은 맑고 깨끗하여

사람의 눈을 밝혀 줍니다.

9 주님을 높이는 일은 순수한 일이며

그 마음은 언제까지나 계속될 것입니다.

주님의 법령은 참되고 언제나 바릅니다.

10 이러한 것들은 금보다 귀하고

순금보다 값진 것입니다.

꿀보다 달고, 송이꿀보다 더 답니다.

11 주님의 종들이 그것들로 훈계를 받습니다.

그것들을 지키면 후한 상이 있습니다.

12 누가 자신의 잘못을 잘 깨달을 수 있겠습니까?

모르고 지은 나의 죄를 용서하여 주십시오.

13 알면서 죄를 짓지 않게 막아주시고

그 죄들이 나를 휘어잡지 않게 하여 주십시오.

그러면 큰 죄에서 벗어나 내가 깨끗해질 것입니다.

14 나의 바위요 나의 구원자이신 주님이시여!

나의 입의 말과 나의 마음의 묵상이

주님 앞에 열납되기를 원합니다.[13]

이 시에서 다윗은 강렬한 감정을 드러내며 하나님을 찬양하고 하나님을 향하여 춤을 춥니다. 그의 찬양은 우주적인 선율에 맞추어져 있고 기쁨과 즐거움이 가득합니다. 다윗은 시인이 되어 이러한 감정을 아름다운 빛과 화려한 곡조를 띤 언어의 이미지들로 곱게 옷을 입힙니다. 마치 고운 한복을 입은 듯 눈부시게 아름다운 노래를 부릅니다.[14]

이 시는 온 온주에 빛나는 하나님의 영광을 선포하며 노래하는 하늘의 합창(1-4a)으로부터 시작합니다. 이어서 시인은 하늘 이 끝에서 저 끝까지 즐거운 마음으로 큰 소리를 발하며 힘차게 달리는 태양을 따라 즐겁게 춤을 춥니다(4b-6). 이러한 시인의 영혼을 밝게 비추는 것은 하나님의 말씀입니다. 시인은 말씀을 통해 창조주이시자 구원자이신 하나님과 친밀하게 조우(encounter)합니다(11). 시인은 이 하나님께

---

13   류호준 역

14   이 시편을 깊이 묵상한 C. S. 루이스는 이 시가 얼마나 그의 심금을 울렸던지, 시편 19편을 이 세상에 존재하는 가장 위대한 서정시들 중의 하나("the greatest poem in the Psalter and one of the greatest lyrics in the world")라고 말했습니다. 이 시에 대한 그의 보다 자세한 평가는 C. S. Lewis Reflections on the Psalms (New York: Harper one, 1958), 73-74를 보라.

두 손을 모아 자신의 마음을 바치는 간절한 기도를 올립니다 (12-14).

이 시를 제대로 음미하고 만끽하기 위해서는 가슴을 열어야 합니다. 머리가 아니라 마음과 심장(heart)으로 읽어야 합니다. 시인은 높은 산에 올라갔습니다. 그는 양떼구름 너머로 끝없이 펼쳐지는 하늘을 바라보았습니다. 상상력의 날개를 펴서 거대한 허블망원경, 아니 제임스 웹 망원경으로 하늘과 저 멀리 우주 곳곳까지 살펴보았습니다. 우주는 시인에게 파노라마적 전경을 펼쳐 보입니다. 우주는 살아 숨 쉬는 듯했고, 대자연과 행성 하나하나가 시인이 속한 세상의 친근한 사람들 같습니다. 시인의 가슴은 쿵쾅쿵쾅 뛰기 시작합니다. 하늘은 시인의 심장소리에 화답하듯 노래를 부르기 시작합니다. 하늘의 노래는 인간 육체의 귀로 알아들을 수 있는 사람의 언어가 아닙니다. 오직 마음을 열고, 가슴(heart)으로 들을 때만이 알아들을 수 있는 하늘 언어, 천상의 언어입니다.

1절을 보십시오. 시인은 하늘에서 당신이 그 손으로 만드신 해와 달과 수많은 별들을 보았습니다. 그리고 그 아래에서는 수많은 새들이 창공을 활보하고 있었습니다. 하나하나 모든 것들에서 볼 수 있는 하나님의 솜씨가 얼마나 숨이 막힐 정도로 놀라운지 시인은 감탄을 금할 수가 없었습니다. 하늘은 이러한 시인에게 자연만물에 새겨진 하나님의 영광을 선포합니다. '선포한다'는 말은 영어로 '자세히 말하다'는 뜻의 'recount'입니다. 하늘은 마치 방금 본 영화의 줄거리와 감동을 미처 보지 못한 친한 친구에게 신나게 이야기해 주듯이 흥분한 어조로 아주 상세하게 말해 줍니다. 이 하늘의 말에 귀를 기울여보면, 하룻밤, 이틀 밤을 꼬박 새도 끝없이 계속되는 이야기의 향연이 펼쳐집니다.

시인에게 하늘은 살아있는 정겨운 친구들입니다. 그들은 시인에게 친절할 뿐만 아니라 서로 간에도 사이가 좋습니다. 오늘 하루의 낮은 다른 하루의 낮과 즐겁게 대화를 합니다. 수많은 별들로 수놓아진 아름다운 어느 하루의 밤이 그다음 날 밤에게 이야기를 합니다. 낮과 밤이 번갈아가며 나누는 대화는 마치 돌림노래 같습니다. 그들의 대화는 곡조를 띈 노래입니다. 그야말로 청중을 사로잡는 환상적인 뮤지컬입니다. 어느새 온 우주만물이 대규모 오케스트라를 동원한 초대형 우주 합창단을 형성하여 낮과 밤의 노래에 동참합니다. 그 노랫소리가 얼마나 웅장하게 울려 퍼지는지, 천지를 진동시키며 땅 끝까지 날아갑니다(4a).

제1악장이 끝났습니다. 무대가 조용해졌습니다. 온 하늘을 두루두루 살피던 시인의 시선이 갈릴리 호수 위로 드러나는 여명을 주목합니다. 제2악장이 시작되었습니다. 드디어 태양이 호수를 붉게 물들이며 조금씩 그 영롱한 모습을 드러냅니다. 한순간에 휘영청 떠오릅니다. 마치 아름다운 신부와 결혼을 한 신랑이 천막(tent)으로 신방을 꾸미고 첫날밤을 보낸 후 그 신방에서 넘치는 기쁨으로 힘차게 걸어 나오는 모습 같습니다(4b-5a).

이 태양은 억누를 수 없는 기쁨의 찬란한 이미지들을 쏟아내며 무대 한복판에 마련된 출발선에서 달리기 시작합니다(5b). 마치 큰 소리로 '할렐루야! 전능의 주가 다스리신다!' 하며 헨델의 메시아 찬양이 울려 퍼지는 것 같습니다. 그래서 가만히 앉아 있을 수가 없습니다. 시인은 자리에서 벌떡 일어나 태양을 열렬히 응원합니다. 태양은 그 스태미나가 얼마나 좋은지, 하늘 이 끝에서 하늘 저 끝까지 최강의 힘으로 전력질주를 합니다.

태양의 열기가 온 세상 모든 사람들에게 전해집니다(6). 얼음장같이 차갑던 사람들의 가슴이 녹아내립니다. 어둡던 그들의 내면이 밝아옵니다. 슬퍼하면서 울던 이들이 새신랑 같은 기쁨을 얻게 됩니다. 무기력하던 인간들이 천하장사 같은 힘을 얻고 독수리의 날개침 같이 힘차게 비상(飛上)합니다. 깨어진 가정에 하나님의 따뜻한 사랑의 열기가 전해집니다. 이 하나님의 사랑을 머금은 아빠가 한 가정을 비추는 태양이 되어 아내를 따뜻하게 안아줍니다. 자녀들에게 큰 기쁨과 비전을 줍니다. 가정이 회복되고 온 나라, 온 세계가 하나님의 영광을 보게 됩니다. 이 영광의 빛에서 소외된 사람은 아무도 없습니다.

사람들은 달리기 시작합니다. 선두에 선 태양을 따라 태양처럼 즐겁고 힘차게 달립니다. 예수 그리스도의 아름답고 기이한 복음의 빛을 온 세상에 전하며 땅 끝까지 달려갑니다. 어느새 모두가 하나님의 영광을 선포하고 찬양하는 하늘 오케스트라 합창단의 멤버가 되었습니다.

제2악장이 끝나고, 시인은 갑자기 렌즈의 초점을 급격히 줄이기 시작합니다. 그는 하나님의 말씀이 기록된 성경에 그의 시선을 고정시킵니다. 성경을 펼치는 순간 하늘의 소리가 들려옵니다. 성경은 하나님의 영광을 선포하는 하늘의 언어를 인간의 언어로 번역해 놓은 것입니다. 성경은 하늘이 선포한 창조주 하나님의 영광스러운 창조 행위와 은혜롭고 정의로운 구원의 이야기들을 끝없이 적어놓았습니다. 성경 곳곳에서 정결하고 진실하고 의로운 진리가 별처럼 반짝입니다 (9). 시인의 마음은 기뻤고, 눈이 밝아왔습니다(8).

밝은 눈으로 자세히 보니, 기록된 말씀이 다 단순한 문자가 아니었습니다. 음표가 붙어 있습니다. 그 문자들은 곡조를 띤 아름다운 가사입니다. 그래서 말씀을 읽고 묵상한 순간 시인의 영혼은 흥겹게 춤을 춥니다. 마치 하늘을 달리는 태양처럼 우주 이편에서 저편까지 힘차게 질주합니다. 말씀은 밝게 빛나는 태양빛 순금으로 가득한 금광 같습니다(10). 곳곳에서 빛나는 그 모습이 얼마나 아름다운지요? 화려한 빛의 축제를 보는 듯합니다.

말씀을 먹어보니 맛이 얼마나 달고 오묘한지요? 지친 영혼을 회복시키는 송이꿀 같습니다(10). 시인의 영혼은 말씀으로 큰 기쁨과 새 힘을 얻게 되었습니다(7a). 우둔한 머리에 하늘의 지혜가 풍성하게 공급되었습니다(7b). 이때 시인은 하나님의 말씀을 지키고 순종하며 사는 길이 하나님께 큰 상(great reward)을 받는 길임을 깨닫게 되었습니다(11). 시인은 허리를 동이고, 말씀을 따라 일생을 태양처럼 즐겁고 힘차게 달리기로 결심했습니다.

하나님의 말씀을 따라 즐겁고 힘차게 달리던 어느 날, 시인은 드디어 창조주 하나님을 만났습니다. 시인과 창조주 하나님의 인격적인 조우가 성경 말씀을 통해서 이루어졌습니다. 사모하던 하나님을 만난 시인은 얼마나 기뻤는지 모릅니다. 가슴이 뛰었습니다.

그러나 이내 너무나 밝게 빛나는 하나님의 영광의 빛이 시인의 영혼 속 깊이 감추어진 은밀한 허물까지 비추었습니다. 하나님의 밝은 빛 아래 드러난 자신의 영혼의 실상은 참혹했습니다. 악하고 추하며, 깨지고 찢어진 내 진정한 모습에 깊이 절망했습니다. 죄를 미워하시는 하나님의 분노가 느껴졌습니다. 하나님의 심판에 대한 두려움으로 심장이 조여들었습니다.

시인은 할 수만 있으면 도망가고 싶었습니다. 베드로처럼 "주여 나를 떠나소서 나는 죄인이로소이다"라고 말하고 싶었습니다(눅 5:8b). 그러나 태양처럼 빛나는 하나님의 영광의 빛을 피할 수 있는 곳이 없었습니다. 시인은 죄의식과 심판에 대한 두려움으로 고통하며 탄식했습니다. 하늘과 태양을 보며 기뻐 춤추던 시인의 가슴에 한없는 슬픔이 밀려왔습니다. 그는 밤마다 울었습니다. 얼마나 많은 눈물을 흘렸던지, 눈물이 시내를 이루어 담요를 축축하게 적시고, 침대를 띄웠습니다(시 6:6). 시인은 자신의 허물을 낱낱이 고백했습니다(12a). 몸으로 지은 죄뿐만 아니라 마음으로 음욕을 품은 죄를 비롯해서 무의식 중에 지은 죄까지 다 자백했습니다(12b). 그는 자신이 큰 죄를 지은 죄인임을 고백했습니다. 애통히 눈물을 흘리며 자신을 불쌍히 여겨 주시도록 간구하며 회개했습니다.

시인은 거룩하신 하나님 앞에서 자신이 어떤 존재인지를 알게 되었습니다. 그는 거룩하신 하나님 앞에 겸손히 엎드려 자신을 '주의 종'이라고 말했습니다(11a, 13a). 그는 자신의 영혼을 죄에서 구원해 주시도록 간구했습니다. 결코 고의로 죄를 짓는, 교만한 자가 되지 않도록 기도했습니다(13).

렌즈의 초점은 더욱 좁혀져 이제는 기도하는 한 연약한

인간에게 맞추어집니다. 14절에 나오는 신앙고백과 기도가
이 시의 절정입니다. 시인은 하늘과 태양, 그리고 하나님의
말씀을 통해 하나님의 은혜로운 성품에 대한 신뢰와 희망을
갖게 되었습니다. 당신께서 그의 기도를 들으셨음을 확신했
습니다. 그래서 그는 하나님을 '나의 바위(rock)'요, '나의 구원
자'라고 고백했습니다. 시인은 이제 이 신앙고백에 기초하여
자신의 간절한 소원을 아룁니다. "내 입의 말과 마음의 묵상
이 주님 앞에 열납되기를 원하나이다" 시인은 하늘 오케스트
라의 멤버가 되어 자신의 입으로도 하나님의 영광을 선포하
며 찬양하고 싶어 합니다.

　입으로 나오는 말은 마음의 열매입니다. 아름다운 찬양을
하기 위해서는 마음을 잘 가꾸어야 합니다. 하지만 청년들의
마음은 육신의 정욕과 돈에 대한 탐심으로 더럽혀져 있습니
다. 음란하고 이기적이며, 시기심 가득한 내면으로 그 영혼
이 썩어 들어가고 있습니다. 주님, 이들이 날마다 정결한 하
나님의 말씀을 주야로 묵상하게 하소서. 말씀으로 죄를 깨닫
고 나의 구원자 되신 성자 하나님, 곧 예수님의 십자가 앞에
나아가 그 피로 주홍 같은 죄를 씻어 새벽이슬 같은 주의 청
년이 되게 해주십시오. 하나님을 경외하는 마음과 이웃을 사
랑하는 마음, 그리고 예수님의 아름다운 인격과 고결한 삶을
묵상하는 마음을 갖게 해주소서. 당신은 이런 마음을 열납

(acceptance)하십니다. 이 시대 청년들의 마음이 이런 마음이 되게 하소서. 그들이 이러한 마음으로 시와 찬미와 신령한 노래를 하나님께 바치기를 기도합니다(엡 5:19).

드넓은 하늘과 이 하늘을 가로질러 달리는 태양에서 시작된 시인의 노래는 거룩한 하나님의 말씀을 지나, 시인의 마음, 곧 시인의 가슴에 도달해서 그 대단원의 막을 내립니다. 시인의 마음에 하나님의 영광을 선포하는 하늘의 찬양소리와 태양의 따뜻한 열기가 깃들어 있습니다. 순금처럼 빛나고 송이꿀처럼 단 하나님의 말씀이 새겨져 있습니다. 시인의 마음은 죄 사함을 받은 기쁨으로 넘쳐납니다. 그의 심장은 주님을 만난 기쁨과 감격으로 뛰고 있습니다. 시인은 그의 입으로 하나님을 찬양하며 그의 마음을 주님께 드리고 싶어 간구합니다. "나의 입의 말과 마음의 묵상이 주님 앞에 열납되기를 원합니다"

하나님, 저의 입의 말도 다윗처럼 하나님을 찬양하기 원합니다. 이를 위해 먼저 저의 마음의 묵상이 주님 앞에 받아들여지길 원합니다. 하나님의 말씀을 주야로 묵상하길 원합니다. 말씀 앞에서 늘 회개하고 청결한 마음을 가지기를 원합니다(마 5:8). 그 마음으로 당신께 나아가 기도하고, 당신이 주시는 힘으로 복음을 전하여 당신의 영광을 선포하기 원합니다. 당신은 온 우주의 오케스트라적인 찬양보다 제 마음의 찬양을 더 기뻐 받으십니다. 저로 하여금 다윗처럼 하나님을 찬송하게 하소서! 그래서 제 입의 말과 마음의 묵상도 주님 앞에 열납되게 하소서!

5. 무릎을 꿇고

시편 19편에서 보여주는 다윗의 찬송을 통해 하나님께 드리는 예배에 대해 생각해 봅니다. 예배란 '무릎을 꿇는다'는 뜻으로, 이를 통해 우리가 과연 진실로 주님 앞에 무릎을 꿇고 주님을 높이며 주님의 이름을 거룩히 여겨왔는지를 돌아봅니다.

예배는 또한 복종을 의미하는데, 과연 우리가 자신의 모든 것을 내려놓고 당신의 뜻에 순종해 왔는지 돌아봅니다. 예수님께서 이 땅에 오실 때, 박사들은 동방에서 예수님의 별을 발견하고는 모든 것을 버리고 그 먼 길을 떠나 아기 예수님을 찾아와 황금과 유향과 몰약을 예물로 마치며 경배했습니다(마 2:11). 한 밤에 자기 양 떼를 지키던 목자들도 예수님의 탄생 소식을 듣고는 모든 것을 버리고 베들레헴 일대를 샅샅이 뒤져 강보에 싸여 구유에 뉘인 아기 예수님을 찾아온 마음으로 경배했습니다(눅 2:15-20). 우리의 예배가 항상 이렇게 나아가야 함을, 이러한 예배야 말로 우리가 당신의 이름을 거룩히 여길 수 있는 가장 중요한 방법임을 고백합니다. 날마다 예배하는 자들을 찾으시는(요 4:23) 주님 앞으로 더 나아가길 원합니다.

예수님은 요한복음 4장 24절에서 말씀하셨습니다. "하나님은 영이시니 예배하는 자가 영과 진리로 예배할지니라"(요 4:24)는 말씀을 기억합니다. 예배하는 자에게 중요한 것은 장소가 아닌, 진리에 기초하여 자신의 영혼을 온전히 드리는 것이 중요함을 고백합니다. 하나님 아버지, 저로 하여금 영과 진리로 예배하는 자가 되게 하여 주십시오. 이를 위해 오늘도 동방 박사들처럼, 목자들처럼 모든 것을 내려놓고 예수님을 찾아 황금을 드리며 무릎을 꿇고 경배하도록 도와주십시오.

6. 가장 가치 있는 일

하나님의 이름을 존귀하게 여기며 그 이름을 위해 살아가는 것은 하나님의 자녀들이 반드시 지켜야 할 의무임을 고백합니다. 동시에 우리의 행복을 위한 것임을 잘 압니다(신 10:13, "내가 오늘 네 행복을 위하여 네게 명하는 여호와의 명령과 규례를 지킬 것이 아니냐").

우리가 이 땅을 살면서 할 수 있는 가장 가치 있는 일이 영광스러운 하나님의 이름을 빛내는 것임을 잘 압니다. 하나님, 저에게 가장 가치 있고 가장 영광스러운 것을 알게 해주셔서 감사합니다. 이것이야말로 제 인생을 가장 가치 있고 존귀하게 하는 일이고, 여기에 제 인생의 진정한 존재 의미와 행복이 있음을 고백합니다. 제가 이 거룩한 길을 최선을 다해 걸어가기를 기도합니다.

주님은 주님의 이름이 저에게서 뿐만 아니라 세상 모든 사람들에 의해 세계 곳곳에서 거룩해지기를 바라십니다. 우리 모두의 하나님이시고 우리 모두의 아버지이시기 때문입니다.

자녀가 아버지의 사랑으로 잘 자라 그의 아버지가 곳곳에서 그 자녀로 인해 칭찬받고 사람들 사이에서 그의 이름이 존귀해지는 것처럼, 우리도 우리의 삶을 통해 주님의 이름이 모든 사람들에게 존귀히 여김 받길 원합니다. 여호와 하나님, 제가 만나는 모든 사람들에게 당신의 이름을 높이고 당신의 영광을 드러내기를 기도합니다.

7. 치를 떨며 일어나 싸우게 하소서

제가 아버지의 이름을 결코 업신여기거나 망령되게 일컫지 않기를 기도합니다(출 20:7). 제 어떤 행동도 여호와 하나님을 욕보이지 않게 하길 원합니다. 하나님의 이름이 멸시를 당하고 욕을 먹을 때, 저로 하여금 분노하게 하여 주십시오. 여호와 하나님의 이름을 모욕한 골리앗을 보고 분노한 다윗처럼 치를 떨며 일어나 어느 누구도 하나님의 이름을 업신여기지 않도록 맞서 싸우게 하여 주십시오(삼상 18: 45-46). 그래서 그들의 입을 막고 하나님의 거룩하신 이름을 드높일 수 있기를 기도합니다.

세상에서 아버지의 이름이 더럽혀지고 있습니다. 교만한 인간들이 하나님의 이름을 망령되게 일컫고 심지어 욕으로도 사용하고 있습니다. 그들은 하나님의 이름을 수치스럽게 만들고 있습니다. 악한 자들이 하나님의 거룩하신 이름으로 사람들을 속이고 사기를 치며, 수많은 영혼들을 삼켜버리고 있습니다. 거룩하신 하나님, 이들을 내버려 두지 마시고 이들의 입을 막아 주십시오. 이들의 도모를 무너뜨려 주시고 그세력을 파하여 주십시오. 그리고 무엇보다 그들이 회개하고 주님께 돌아올 수 있도록 인도해 주십시오.

아버지, 아버지가 거룩한 분이심을 세상에 드러내어 주십시오. 우리를 통해 아버지의 이름을 세상 가운데서 거룩하게 하여 주십시오(겔 36:23). 우리는 당신의 종이요 당신의 영광을 나타낼 이스라엘입니다(사 49:3). 우리를 통해 당신의 거룩한 영광을 드러내어 주십시오. 우리를 통해 그들이 당신의 거룩한 영광을 보게 되길 원합니다. 그들이 모두 아버지의 이름을 거룩하게 부르게 되길 원합니다. 우리 모두가 그 거룩한 이름에 합당한 영광을 돌리길 원합니다. 아버지의 이름이 많은 사람들에게서 거룩히 여김을 받기를 기도합니다.

성경을 품은 주기도문이
나의 기도가 되다

❖❖❖ 나의 주기도문 ❖❖❖

1. 거룩하신 하나님

....

....

....

....

2. 아버지의 영원한 이름, '여호와'

....

....

....

....

3. 아버지의 이름을 거룩하게 여겨야 하는 이유

....

....

....

....

4. 말과 마음의 묵상이 열납되기를

....

....

....

....

5. 무릎을 꿇고

6. 가장 가치 있는 일

7. 치를 떨며 일어나 싸우게 하소서

3부

아버지의 나라

The Lord's Prayer

1. 사탄에게 짓밟힌 세상

거룩하신 하나님, 첫 사람 아담은 사탄의 꾐을 받아서 당신이 주신 자유의지로 선악과를 따먹는 불순종의 죄를 지었습니다(창 3:1-6). 그 결과 아담과 그의 허리 안에 있던 모든 인류가 하나님의 빛나는 형상을 잃어버렸습니다. 그 깨끗하고 선하던 본성은 악으로 오염되어 버렸습니다. 선을 행하려는 의지는 약화되고 악에 쉽게 굴복하는 자들이 되었습니다.

우리들이 이렇게 하나님을 떠나자 사탄은 자신의 수하에 있는 악한 영들을 시켜서 우리 인간의 타락한 본성을 휘젓게 했습니다. 그래서 우리로 하여금 죄를 지으며 자신의 통치를 받게 했습니다. 사탄의 통치를 받게 된 세상은 죄악이 난무

하게 되었습니다. 온갖 더러운 영들이 사람들의 영혼을 짓밟으며 파괴하기 시작했습니다. 세상은 망가졌고, 모든 영혼들이 죄로 병들어 신음하고 있습니다. 죄와 악한 영들의 공격에 밤잠을 이루지 못하고 두려워 떨며 지옥의 고통을 맛보고 있는 영혼들이 얼마나 많은지 모릅니다.

주님, 전쟁으로 수많은 청년들이 희생당하고 있는 우크라이나를 굽어 살피소서. 부모를 잃은 고아들, 영문도 모른 채 전쟁터에 끌려와 죽어가는 러시아 젊은이들은 또 얼마나 많은지 모릅니다. 주님, 이 전쟁을 대체 누가 일으킨 것입니까? 사탄이 우리 마음의 온갖 악한 죄악을 이용하고 있지 않습니까? 정치 지도자들이 세상을 하나님의 뜻에 따라 다스리도록 부여받은 권력과 재물을 자신들의 유익만을 위해서 이기적으로 사용하고 있습니다. 그 사악한 이기심이 다른 이들의 소중한 삶을 부수고 목숨을 앗아가고 있습니다.

세계 곳곳에서 싸움과 전쟁이 끊이지 않고 있습니다. 점점 더 파괴적인 무기들이 등장하고 있습니다. 미움과 증오의 벽이 더욱 높아져만 갑니다. 우리의 탐욕으로 기상 이변이 일어나고 기근과 굶주림이 계속해서 발생하고 있습니다. 세상이 갈수록 음란해지고 있습니다. 얼마나 많은 우상들이 존재하는지 모르겠습니다. 창조주 하나님을 헛되고 썩어질 우상보다 못한 것으로 여기는 우리들의 죄를 자복하고 회개합니다.

우상숭배는 자기기만입니다. 허수아비 신을 만들어 하나님을 몰아내고 자신이 신이 되겠다는 것입니다. 사탄이 그랬던 것처럼 자신이 하나님의 자리에 앉아 자기 마음대로 살겠다는 것입니다. 교회를 다니며 신앙생활 하는 우리도 실은 이와 마찬가지였습니다. 겉으로는 하나님을 예배했지만 실은 우리 자신을 숭배했습니다. 세상 일은 물론 교회 일조차 자기 뜻대로, 자기 맘대로 안 되면 화를 내며 공동체를 어지럽혔습니다. 다시 한번 우리를 포함한 온 세상이 하나님의 심판 아래 놓여 있음을 고백합니다. 죄의 급류에 휩쓸려 지옥으로 빨려 들어가고 있는 우리와 온 세상을 구원해 주시길 간절히 원합니다.

사탄에게 짓밟히고 있는 이 땅에 가장 필요한 것이 주님, 당신의 통치임을 고백합니다. 부디 이곳에 오셔서 사탄과 악한 영들을 물리치시고, 우리를 다스려 주십시오. 하나님의 통치만이 유일한 구원입니다. 그토록 많은 믿음의 선진들이 하나님의 나라가 임하기를 간절히 기도해 왔던 것처럼 우리도 동일한 마음으로 주의 나라를 갈망합니다.

2. 예수 그리스도를 통해 임하는 나라

'하나님의 나라가 임하게 해달라'는 우리 인간들의 간구를 들어주시기 위해 주님께서는 자신의 독생자를 죄 많은 이 세상에 구주로 보내주셨습니다. 그래서 세상 모든 사람들의 죄를 지고 가는 하나님의 어린 양이 되게 하셨습니다(요 1:29). 속죄 제물로 십자가에 못 박혀서 피를 흘리며 죽게 하셨습니다. 이것은 죽음의 고통입니다. 심장을 전부 파내고 도려내는, 극한 고통을 수반하는 것입니다. 예수님은 우리 인간들에게 뿐만 아니라, 하나님 당신의 분신이요 전부이십니다. 예수님을 죽이는 것은 하나님 자신께서 죽는 것입니다.

더구나 당신께 독생자 예수님은 당신의 영광이요 영원한 기쁨의 대상입니다. 세상을 다 준다고 해도 결코 바꿀 수 없는 가장 귀중한 존재입니다. 그럼에도 당신은 우리의 간구를 외면하지 않으셨습니다. 요한복음 3장 16절의 말씀처럼 외아들을 원수 같은 우리 인간들을 구원하기 위해 십자가의 희생 제물로 내어주셨습니다. 제정신이십니까?

사랑은 가끔 우리를 미치게 합니다. 어떨 땐 하나님도 그러신 것 같습니다. 당신은 세상을 구원하고 당신의 나라를 이땅에 펼치고자 과감하게 독생자 예수를 우리를 위한 화목 제물로 내어주셨습니다. 예수님은 아버지의 뜻에 순종하여 십자가에 못 박혔지만, 막상 십자가에서 감당해야 할 육체적, 정신적 고통은 너무나도 커서 그 영혼을 압도해 버리는 것이었습니다. 두 손과 두 발이 찢어지고 사지가 뒤틀리며,

급기야 온몸이 쪼개지는 고통을 상상해 봅니다(창 15:8-10). 예수님은 견디다 못해 십자가에서 이렇게 울부짖으셨습니다. "엘리 엘리 라마 사박다니", "나의 하나님, 나의 하나님, 어찌하여 나를 버리셨나이까?"(막 15:34)

아버지 하나님, 그때 이 외아들의 모습을 어떻게 지켜보셨습니까? 얼마나 마음이 아프셨습니까? 심장이 얼마나 세차게 요동치셨습니까? 금방이라도 가슴이 터질 듯했을 것입니다. 당장이라도 '그만!'이라고 소리를 치며, 하늘의 군대를 보내어 세상을 쓸어버리고 아들을 구하고 싶었을 것입니다.

그러나 당신은 아들이 너무나 고통스러워 울부짖는 그 순간까지도 침묵하셨습니다. 당신의 아들이 아버지를 부르며 애타고 찾고 있는데도 귀를 막으며 등을 돌리셨습니다. 저주의 십자가에 매달려 죽는 모습을 보고도 외면하시다니! 하나님, 당신은 정말 그때 왜 그러셨습니까? 당신은 그 순간 우리 인간들을 너무도 사랑하고 계셨음이 분명합니다.

이 놀라운 사랑을 우리가 어떻게 이해할 수 있겠습니까? 그 사랑의 크기를 우리 죄인들이 어떻게 감히 가늠할 수 있겠습니까? 하나님의 놀라운 사랑에 감사하다는 말 밖에 드릴 말씀이 없습니다. 너무나 고맙고 감사합니다.

예수님은 하나님의 아들로 만유의 주요 만왕의 왕이십니다. 그러나 세상을 구원하라는 하나님의 뜻에 순종하여 지극히 겸손한 아기의 모습으로 유대 땅 베들레헴의 마구간에서 태어나고(눅 2:4-7), 성장하여 죄인들의 친구가 어주셨습니다. 죄로 병든 우리 인생들과 동거동락 하시며 우리의 슬픔을 위로해 주셨고 아픔을 어루만져 주셨으며 병을 치료해 주셨습니다. 죄인들을 불러 그들이 회개함으로 죄 사함의 기쁨과 하늘의 평화를 누리게 해주셨습니다(눅 5:30).

마침내 우리 죄인들의 대제사장이 되셔서 우리의 죄를 씻겨 주시고자 갈보리 언덕에 세워진 성전에 들어가셨습니다. 그 성전으로 가는 길에 예수님은 무수히 많은 채찍을 맞으셨습니다(요 19:1). 머리에는 가시관을 쓰셨습니다(마 27:29). 마침내 갈보리 성전 한가운데 있는 번제단에 도착하셨을 때(창 22:9; 출 38:1-7), 그곳에서 모든 사람들이 다 볼 수 있을 정도로 높은 곳에 십자가가 우뚝 세워져 있었습니다. 갈보리는 말은 '골고다'라고도 하는데, '해골'이라는 뜻입니다. 번제단은 사람의 머리의 정수리 위치라고도 할 수 있습니다. 십자가는 갈보리 성전 한가운데 세워졌고, 우리 한 사람 한 사람의 정수리에 세워졌습니다. 그러므로 십자가에서 예수님이 흘린 피는 믿는 자들의 머리를 타고 얼굴로 흘러내려 가슴을 적십니다. 가슴속 영혼의 모든 죄를 씻어주는 것입니다. 예수님은 이것을 위해서 십자가에 못 박혀 매달리신 것입니다.

하늘의 영광을 담아야 할 그 고귀한 몸에 잔인한 상처가 하나, 둘 생겨났습니다. 이때 예수님이 당한 고난에 대해 시편은 이렇게 말합니다. "나는 물 같이 쏟아졌으며 내 모든 뼈는 어그러졌으며 내 마음은 밀랍 같아서 내 속에서 녹았으며 내 힘이 말라 질그릇 조각 같고 내 혀가 입천장에 붙었나이다. 주께서 또 나를 죽음의 진토 속에 두셨나이다"(시 22:14-16)

예수님께서 당하신 고난은 실로 우리의 상상을 초월하는 고통입니다. 인류가 받아야 할 영원한 지옥 형벌을 연약한 한 인간의 몸으로 감당하셨습니다. 예수님은 죄인들을 향한 하나님 아버지의 마음을 잘 아셨습니다. 그래서 자신도 같은 마음을 품으셨습니다. 십자가의 고통을 참고, 또 참으셨습니다. 뿐만 아니라 십자가에 자신을 못 박고 조롱하는 원수 같은 무리들을 위해 기도하셨습니다. "아버지 저들을 용서하여 주십시오. 자기들이 하는 것을 알지 못하고 있습니다"(눅 23:34).

예수님은 이런 모진 고통 속에서 당신의 피를 한 방울도 남기지 않고 십자가 제단에 다 쏟아부으셨습니다. 그리고 그 피를 두 손에 들고 당신이 계신 하늘 성소로 들어가셨습니다. 당신께서는 그 피를 흠향하신 후 기쁘게 받아주셨습니다. 당신께서는 이 사실을 우리에게 알려주시고자 예수님을 죽은 자 가운데서 살리셨습니다. 예수님의 부활은 우리의 모든 죄에 대한 예수님의 대속 사역이 완벽하게 이루어졌음을 알리는 선포입니다(롬 4:25).

성경은 피 흘림이 없이는 죄에 대한 용서가 없다고 했습니다(히 9:22). 그렇다고 내가 피를 흘리며 죽어서 영원한 지옥을 가야 하는데, 여기에는 용서가 존재할 수가 없습니다. 그러므로 반드시 누군가가 내 죄를 대속해 주어야 합니다. 나를 위해 몇 년 간 대신 감옥에 가주는 것도 쉽지 않은데, 누가 나를 위해 죽어줄 수 있겠습니까? 그리고 대속은 죄 없는 사람만이 해줄 수 있는데, 세상에 죄 없는 사람이 어디에 있습니까? 있다 한들 나 같은 죄인을 위해 누가 죽어주겠습니까? 그런데 죄 없으신 하나님의 아들 예수님께서 십자가에서 내 모든 죄를 대속해 주셨습니다(요 19:30).

이 사실을 믿고 예수님을 영접하는 곳에 '죄 사함'이 주어짐을 믿습니다. '죄 사함'에서 '사(赦)'는 '용서한다'는 의미인데, 똑같이 용서한다는 의미의 '용(容)'이나 '서(恕)'보다 훨씬 특별한 의미를 가지고 있습니다. '사(赦)'라는 한자를 자세히 보면, 붉을 '적(赤)'이 포함되어 있는데, 이것은 피로 씻어 정결하게 해준다는 의미입니다. 예수님의 십자가 피로 우리의 죄를 용서해 주시는 하나님의 용서를 표현하는 데 있어서 아주 적절한 표현입니다. 아버지께서 십자가에서 예수님이 흘리신 바로 그 속죄의 피를 보시고, 우리의 죄를 깨끗하게 용서해 주심을 고백합니다.

아버지께 큰 죄를 지었다면 용서받지 않고는 아버지 집에 들어갈 수 없고, 용서를 받아야만 그 집에 들어가 아버지 앞에 서서 그의 사랑을 받을 수 있습니다. 마찬가지로 하나님께 죄 사함을 받으면 의롭게 되고, 하나님나라에 들어가 하나님 앞에 서서 하나님을 아버지라 부를 수 있습니다. 하나님을 찬양하고 예배할 수 있으며, 온갖 신령한 축복을 받아 누릴 수 있습니다. 죄가 없어졌기에 죽지도 않고 영원히 썩지도 않습니다. 영원한 하나님의 나라에서 썩지 않는 영광스러운 몸을 입고 영생을 누립니다. 나 같은 죄인이 하나님께 모든 죄를 용서받고 이런 복을 누리다니 얼마나 기쁘고 감사한지 모르겠습니다. 죄 사함은 우리 인간이 받을 수 있는 가장 큰 축복이요, 단 하루도 잊어서는 안 되는 일입니다. 하나님 아버지, 제가 늘 죄 사함 받은 사실을 잊지 않게 해주세요. 죄 사함의 기쁨과 감격이 매 순간 날마다 살아있기를 원합니다.

죄 사함을 받을 때 그 사람의 영혼과 삶에 하나님의 나라가 임하고, 죄악과 죽음이 물러나며 영원한 생명과 사랑의 통치가 시작됩니다. 그런 사람들로 한 사회와 한 나라가 가득해질 때, 그곳에 주님의 나라가 권능으로 임할 줄 믿습니다. 전쟁 중인 우크라이나와 러시아에 속히 십자가와 부활의 복음이 전해짐으로 하나님의 나라가 임하기를 기도합니다. 동유럽과 예수님을 모르는 무슬림 국가들에 십자가와 부활의 복음이 전해져 그곳에도 예수 그리스도가 다스리는 하나님의 나라가 임하기를 기도합니다. 영적 무지로 죽어가는 아프리카의 수많은 불쌍한 영혼들을 긍휼히 여겨주십시오. 광야같이 메마른 그 땅에 생명의 꽃들이 만발하는 그리스도의 계절이 오기를 기도합니다. 탕자처럼 먼 나라로 떠나버린 유럽과 북미, 그리고 라틴 아메리카에도 하나님의 나라가 새롭게 임하기를 기도합니다. 우상을 숭배하는 사람들이 즐비한 아시아 여러 국가들을 불쌍히 여겨주십시오. 그들에게 구원의 복음을 속히 들려주시기를 기도합니다.

3. 저는 죄인입니다

거룩하신 사랑의 주 예수님 앞에 가슴을 치며 저의 죄를 고백합니다(눅 18:13). 하나님, 저를 불쌍히 여겨주십시오. 저는 죄인입니다. 당신이 금지한 선악과를 따 먹고 죄를 지은 아담(창 3:6)의 더러운 피를 이어받아 죄악 중에 출생했습니다(시 51:5). 그래서 날 때부터 제 영혼은 죄와 악으로 오염되어 있었습니다. 이후 저는 계속해서 타락한 본성을 좇으며 죄의 바다에 빠져 표류하는 삶을 살아왔습니다.

소는 그 임자를 알고 나귀는 그 주인의 구유를 안다고 말씀하셨습니다(사 1:3). 그러나 저는 어미, 아비도 몰라보는 패

룬아처럼 당신이 저의 주인임을 몰라봤습니다. 당신께서 친히 저를 위해 마련해 주신 구유인 성경책도 알아보지 못했습니다. 그래서 그 안에 담긴 생명의 말씀을 거들떠보지도 않았습니다. 대신 사탄의 구유에 담긴 더럽고 음란한 죄악의 쓰레기들을 먹고 마시며 수많은 죄를 지었습니다(사 1:4-5; 눅 15:13).

분명 제 속에는 하나님을 알만한 것들이 있었습니다(롬 1:19). 특히 저는 믿음의 가정에서 태어났고, 어린 시절부터 교회를 다니며 하나님에 대해 듣고 배웠습니다. 그러나 저는 하나님을 영화롭게 하지 않았으며 감사하지도 않았고, 오히려 그 생각이 허망하여지며 미련한 마음이 어두워졌습니다(롬 1:21). 그 결과 하나님을 기뻐하지 않았고, 즐거워하지도 않았습니다. 하나님을 사랑하지 않았습니다. 하나님을 나의 왕으로 모시지 않았고, 하나님의 말씀에 순종하지 않았습니다. 하나님을 높이지 않았고 영과 진리로 예배하지 않았습니다.

썩어질 자신을 우상숭배하고 세상을 사랑했습니다(롬 1:23-25). 자기를 자랑하며 자기만의 유익과 자기의 영광만을 구했습니다. 생각과 말로 수많은 악을 행하고 거짓말을 하며 겉 다르고 속 다른 위선적인 삶을 살았습니다(벧전 2:1). 다른 사람들을 시기하고 미워하고 비난했습니다.

어린 시절 저는 주먹으로 남을 때리기도 했고, 발을 흉기처럼 휘두르기도 했습니다. 질풍노도의 시기를 거치며 파괴적인 말과 행동을 일삼았습니다. 악한 감정에 사로잡혀 미친 듯이 반항하며 악을 토하기도 했습니다. 제 마음속엔 불의한 정치지도자들과 악한 세상에 대한 증오심과 살기가 가득했습니다. 하루 24시간 내내 교만하고 악하고 음란한 생각에 빠져있었습니다. 마음속으로 얼마나 많은 정욕의 죄를 지었는지 모릅니다. 정말 기가 막힐 정욕의 웅덩이와 온갖 악한 생각의 수렁에 제 영혼이 빠져있었습니다(시 40:2).

저는 잠시도 정신을 집중하지 못했습니다. 수많은 생각이 머릿속을 휘몰아쳤습니다. 더럽고 악한 생각들이 제 영혼을 얼마나 많이 할퀴고 지나갔는지 모릅니다. 저의 마음에는 한 시도 평화가 없었습니다. 불안하고 괴로웠습니다. 어느 날 하루는 관악캠퍼스 중앙도서관 옆에 있는 벤치에 앉아서 쓰라린 가슴을 쥐어뜯으며 눈물을 흘리기도 했습니다. 전공인 불어 단어 하나를 제대로 외울 수가 없었습니다. 하루 종일 책을 붙들고 씨름해도 한 페이지를 넘길 수가 없었습니다. 그때 저는 앞으로 어떻게 살아갈지 알 수가 없어서 그 막막함에 두려워 떨었습니다.

제 영혼은 정말 발바닥에서 머리까지 성한 곳이 없었습니다. 상한 것과 터진 것과 곪은 상처뿐이었습니다(사 1:6). 제 영혼이 얼마나 눌리며 숨을 쉴 수 없을 정도로 답답하고 괴로워 했는지 모릅니다. 저는 금식하며 하나님께 나아갔습니다.

한 밤중에 칼로 손가락 세 개를 갈라 A4 용지에 혈서로 저를 구원해 달라는 기도문을 작성했습니다. 종이에 피가 흘렀고, 한 장에 다 쓰지 못해 다른 장까지 써 내려갔습니다. 저는 그때 저를 구원해 주시면 정말 마음을 다해 하나님을 사랑하고 하나님만을 바라보며 살겠다고 맹세했습니다.

4. 예수님을 만났습니다

며칠 후 양자산에서 있었던 여름 수양회에 참석했습니다. 그때가 대학 3학년 여름 방학이었습니다. 저는 수양회에서 예수님을 만나기를 간절히 바랐습니다. 그러나 하루가 지나고 이틀이 지나고 3일이 지나도 예수님을 만날 수가 없었습니다. 답답한 마음에 홀로 수양관 건물을 나와 숲 앞에서 괴로워했습니다.

그런데 넷째 날 강당 바닥에 앉아 예수님의 십자가 죽음을 이야기하는 누가복음 23장 설교를 듣고 있다가, 제 앞이 뭔가 정체를 알 수 없는 빛으로 환해진 것을 보게 되었습니다. 눈을 들어 설교를 하는 메신저를 보았는데 그분의 얼굴에서도 그 빛이 보였습니다. 이어서 간증을 하는 사람에게서도 그 빛이 보였습니다. 그때 수양회 타이틀이 '광명의 십자가였습니다. 그 빛은 예수님의 십자가에서 비쳐 오는 밝은 빛, 광명이었습니다!

저는 누가복음 23장 설교, 특히 34절에 있는 "아버지여 저들의 죄를 사하여 주옵소서 자기들의 하는 일을 알지 못함이니이다"라는 예수님의 용서의 기도를 통해 은혜를 받았습니다. 이후 설교 원고를 읽고 그것을 묵상하면서, 죄로 죽어가던 저를 치료해서 구원해 주시고자 십자가에 달려 속죄의 피를 흘려주신 예수님을 만나게 되었습니다. 예수님은 저 때문에 채찍에 맞으시고 찔리시고 상하셨습니다(사 53:5). 십자가 희생의 피로 저의 죄 값을 다 갚아 주셨습니다. 제가 이 사실을 믿고 글로 저의 음란하고 악한 죄들을 마구 토해내듯이 고백하자, 당신은 저의 모든 죄를 용서해 주셨습니다. 십자가에서 흘린 피로 제 모든 죄를 씻어주시고 양털같이 희게 해주셨습니다(요일 1:9; 사 1:18). 저는 그렇게 죄 사함을 받은 후 방에서 나와 하늘을 바라보았습니다. 그때 양자산 위의 드넓은 하늘의 품에 제가 안기어 드는 듯했습니다. 당신께서 저를 하늘 같이 크고 따뜻한 품으로 안아주신 것입니다.

여름 수양회 이후 새벽 4시만 되면 일어나 교회 기도통에 들어가 십자가 보혈 찬송가를 1시간 이상 힘을 다해 불렀습니다. 그리고 생각나는 모든 죄를 고백하고 회개했습니다. 저는 십자가에서 흘러내리는 예수님의 뜨거운 보혈이 제 가슴에 뚝뚝 떨어지는 것을 느낄 수 있었습니다. 그 피는 날마다 제 영혼을 깨끗하게 씻어주었습니다(요일 1:9).

그런데 예수님의 피에는 병을 치료하는 놀라운 힘이 있었습니다. 특히 죄로 병든 영혼을 깨끗이 치료하는 강력한 힘이 있는 것을 체험했습니다. 이는 당신께서 예수님으로 하여금 저의 병을 십자가로 다 짊어지고 가게 하셨기 때문입니다. 당신은 예수님을 제 대신 병들게 하셨습니다(사 53:4, 10). 제가 이 사실을 깊이 깨닫고 믿게 되었을 때, 당신께서는 제 병든 영혼을 치료해 주셨습니다. 그때 제 영혼엔 하늘의 평화가 가득했습니다(사 53:5, "…그가 징계를 받음으로 우리가 평화를 누리고). 그렇게 어지럽게 소용돌이치며 제 영혼을 갈기갈기 찢으며 분열시키던 악령이 떠나갔습니다. 저의 머릿속은 깨끗해졌고, 정말 거짓말처럼 정신이 맑아졌습니다. 병든 제 영혼이 깨끗하게 나은 것입니다(사 53:5, "…그가 채찍에 맞음으로 우리가 나음을 입었도다").

제 마음속에서는 샘솟는 기쁨과 정열이 솟아났습니다. 저는 어디서든 기쁨이 넘쳐 큰 웃음소리를 낼 수 있었습니다. 그래서 제가 아끼는 한 청년은 교회에 오면 제가 어디에 있는지를 쉽게 찾을 수 있다고 했습니다. 잠시만 기다려보면 어딘가에서 저의 큰 웃음소리가 들릴 것이기 때문에 쉽게 찾을 수 있다는 말이었습니다.

정신이 맑아진 저는 집중하여 책을 읽을 수 있게 되었습니다. 읽은 내용을 이해하고 단어도 암기할 수 있게 해주셨습니다. 포기하다시피 했던 전공학업도 감당할 수 있게 되었습니다. 졸업 후에는 미국으로 가서 신학을 공부했습니다. 영어도 배우고, 국제적으로 많은 친구들을 사귀며 성경학자의 길을 가게 되었습니다. 하나님의 특별한 은혜로 최고의 '돕는 배필'인 믿음의 여인과 순결하고 아름다운 가정을 이루어, 지금까지 서로 배려하고 사랑을 나누며 행복한 삶을 살고 있습니다. 무엇보다 자기 하나 감당하지 못하던 제가 많은 사람들에게 성경을 가르치고 열정적으로 복음을 전하며 그들의 병든 영혼을 치료하고 그들을 진리의 길로 인도하는 세상의 소금과 빛이 되어 살아가고 있습니다(마 5:13-14).

예수님을 만난 이후 날마다 캠퍼스를 사슴처럼 뛰어다니며 예수님을 전하던 대학시절이 눈에 선합니다. 그때 저의 대학 같은 학과 후배 한 명은 담배에 찌든 다른 선배들과는 달리 제 얼굴에서는 빛이 난다고 했습니다. 그래서 제가 다니는 교회에 나와 신앙생활을 하게 되고, 얼마 후 예수님을 만나게 되었습니다. 서툰 영어지만 미국 유학시절엔 매주 캠퍼스에 나가 전도를 하고 영어로 미국 학생들에게 성경을 가르치면서 복음을 전하기도 했습니다. 모든 것이 다 하나님의 은혜였습니다. 고맙고 감사합니다.

미국 유학을 마치고 한국으로 돌아왔을 때는 서울대 캠퍼스에서 복음의 동역자들과 함께 전도와 제자양육 사역을 섬길 수 있었습니다. 예수 그리스도를 통해 제 안에 하나님의 나라, 곧 천국을 창조해 주신 하나님의 은혜와 사랑에 깊이 감사드립니다. 예수님의 십자가가 제 영혼과 육체에 준 치유와 회복이 장차 임할 새 하늘에서 완성될 것을 믿습니다. 십자가의 완전한 구원을 찬양합니다!

5. 내 영혼에 핀 부활의 꽃

하나님, 당신께서는 제게 죄 사함의 은혜뿐만 아니라 십자가의 더 깊은 은혜의 비밀도 알게 해주셨습니다. 그것은 예수님께서 저를 대신하여 십자가에서 죽으셨을 때, 저의 죄악된 옛 사람도 함께 죽었다는 것입니다(롬 6:6; 갈 2:20). 그리고 예수님께서 무덤에 묻히시고 사흘째 다시 살아나셨을 때, 저도 예수님과 함께 살아나 영원한 새 생명을 얻게 되었습니다(롬 6:4-5, 8). 이로써 제 영혼에 부활의 꽃이 피었습니다. 제 영혼에 부활의 꽃이 피게 된 과정은 다음과 같은 시적 묘사로 표현할 수 있습니다.

까맣고 앙상한 나뭇가지가

매섭게 부는 찬바람에 꺾여 버릴 듯이 흔들렸습니다.

무겁게 쌓인 눈에 어깨가 더욱 처졌습니다.

이러다 나무에서 떨어져 나갈 것만 같았습니다.

긴 겨울이 지나갔습니다.

다행히 가지가 잘 버텨 주었습니다.

이 연약한 가지가 어떻게 그 추운 겨울을 이겨냈을까요?

보이지 않는 신비의 손길을 느낍니다.

따스한 햇볕이 내리고 향긋한 봄바람이 붑니다.

가지는 바람결에 잠을 깨 눈을 부비며

연두색 기지개를 켭니다.

순식간에 화사한 꽃을 피우고 싱싱한 잎을 냅니다.

누가 이토록 아름다운 생명을 창조하신 것입니까?

제 마음은 아직도 녹지 않은 차디찬 겨울인데,

이렇게 혼자서만 앞서 가는 자연의 봄이라니!

쓰라린 가슴을 쥐어짜며

시샘 가득한 눈으로 슬픔의 눈물을 흘립니다.

눈부시게 찬란한 봄에 이리도 추운 영혼의 밤이라니!

하염없이 흐르는 눈물은

걷는 길을 빙판이 되게 했습니다.

강하게 불어오는 바람에 휘청거리다가
그만 미끄러져 넘어지게 되었습니다.

몸을 일으켜 보려고 했으나,
몇 번이고 다시 미끄러져 드러누워 버렸습니다.
눈에는 고드름이 생기고,
온몸이 빙판 위에 얼어붙어 그렇게 꺼져갔습니다.

저 멀리서 부드럽게 다가와 겉옷을 벗어 덮어주시고
포근하게 안아주시는 분이 있었습니다.
제 아픈 상처를 어루만지시며 눈물을 흘리시는데,
그 따뜻한 눈물이 동상에 걸린 제 발을 녹였습니다.
손수 차린 따뜻한 밥상으로 먹여 주시며,
외롭던 저의 말벗 친구가 되어 주셨습니다.

죽어가던 제 영혼이 소생했습니다.
온통 어둡던 세상이 밝아왔습니다.
그분의 미소는 제 삶의 희망이었고,
그분의 말씀은 길과 진리가 되었습니다.

그런데 우리의 사랑을 시기하는 사람들이 있었습니다.
그들은 그분을 제게서 빼앗아 갔습니다.
주먹질을 하고 발로 차더니

나무에 매달아 두 손과 두 발에 못을 박아 죽였습니다.

십자가에서 살이 찢기며 피가 흘러내렸습니다.
그 처참한 모습을 보며 얼마나 몸서리쳤는지 모릅니다.
그날부터 3일을 저는 한숨도 자지 못했습니다.
하늘이 무너지는 것 같았습니다.
더 이상 삶에 아무런 희망이 보지 않았습니다.

3일 후 이른 아침 저는
그분의 시신이라도 보고자 무덤으로 갔습니다.
그런데 무덤 문이 열려있었고 시신이 없었습니다.
온 산속을 헤매며 그분을 찾아 나섰습니다.
아무리 그 이름을 불러도 불러도 대답이 없었습니다.

풀밭에 털썩 주저앉아 울기 시작했습니다.
그때 놀랍게도 그분이 내 눈앞에 나타났습니다.
처음에는 환상인가, 아니면 유령인가 했습니다.
저는 너무나 기뻐서 그 손과 발을 만져보았습니다.
그분이 살아나신 것이었습니다!

부활하신 그분은 변함없는 미소로 저를 반겨주었습니다.
그분의 숨결이 제 가슴에 닿자
비로소 얼어붙어 있던 제 마음이 녹고

기쁨과 평화의 샘물이 솟아오르기 시작했습니다.

순간 그분이 죽기 전에 하신 말씀이 기억났습니다.

모든 불행은 하나님을 떠난 결과라고 하셨습니다.

제가 구원받기 위해서는

그분이 제 대신 죽고 살아나야 한다는 것이었습니다.

저는 이 말을 도저히 믿을 수가 없었습니다.

어떻게 저 같은 죄인을 대신해서 죽을 수가 있겠습니까?

더구나 죽은 사람이 어떻게 다시 살아날 수 있습니까?

그런데 그분이 정말로 살아나 내 앞에 서 있습니다.

지금 제 앞에서 봄나물로 식사까지 하고 있습니다.

생선 하나를 드렸더니 뼈를 잘 발라서 드시고

흡족한 미소로 배를 두드리시는데 영락없는 그분입니다!

이제는 깨달을 수 있습니다.

정말 저를 위해 죽으신 것입니다.

말씀하시던 대로 이렇게 다시 살아나셨는데,

더 이상 무슨 말이 필요합니까?

저는 이 분이 저의 죄 값을 다 치르셨음을 믿었습니다.

눈물로 저의 모든 죄를 고백하고 회개했습니다.

그때 사냥꾼의 올무에서 풀려난 새처럼,

죄의 사슬에서 풀려나 기쁨을 누리게 되었습니다.

저에게 아주 소중한 선물을 주셨습니다.

그것은 새 생명, 영생입니다.

이것을 주려고 그렇게 처참하게 죽은 것이고,

이렇게 다시 살아난 것입니다.

그분의 죽음은 나의 죽음입니다.

그분이 죽었을 때, 과거의 나도 함께 죽었습니다.

그분의 부활은 나의 부활입니다(롬 6:4, 8; 엡 2:5).

이 모든 것은 믿음으로 이루어지는 신비입니다.

눈에 보이지 않으나 믿을 때,

봄바람처럼 불어오는 성령께서

그 영혼에 기적이 꽃피게 합니다(골 2:12).

비로소 겨우내 얼어붙어 있던 내 마음도

초록으로 물들고 아름다운 꽃들이 피기 시작했습니다.

흐드러지게 핀 벚꽃과 만발한 개나리, 진달래와 함께

눈부시게 아름다운 부활의 봄을 노래하게 되었습니다.

슬픔과 우울함이 사라지고

깊이 파였던 마음의 상처와 질병도 다 나았습니다.

영혼의 호흡마다 봄 향기가 가득하고

기쁨과 평화와 감사의 꽃이 활짝 핍니다.

죽음은 가고 싱그러운 생명이 약동합니다.

세상의 저주와 육체의 죽음은 지금도 계속됩니다.

그러나 그분이 다시 오시는 그날,

내 육체도 다시 살아날 것입니다.

'영광스럽고 강하고 신령한 몸'이 될 것입니다.

저는 이 분이 살아나셨음을

세상에 전하지 않고는 견딜 수가 없습니다.

틈만 나면 이 분을 전하러 다니고 있습니다.

저는 더 이상 이전과 똑같을 수는 없습니다.

이제 완전히 다른 사람이 되었습니다.

더 이상 죽음이 두렵지 않습니다.

사방에서 도끼가 내리쳐도

그분이 부활했다는 내 외침은

사방에서 내리치는 도끼날을 녹이며

생명의 빛을 네 갈래로 뿜어 십자가를 그려냅니다.

내가 걸어가는 곳곳마다 복음의 꽃이 흐드러지게 피고,

풍성한 생명의 열매가 맺히고,

영원토록 빛나는 천국 상급이 쌓여갑니다.

그분이 살아났습니다. 저도 살아났습니다.

내 영혼에 부활의 꽃이 피었습니다!

이제 저는 죄에 대하여서는 죽었고 하나님에 대해서는 살게 되었습니다(롬 6:11). 이제는 하나님의 말씀에만 반응하여 순종하며 살 수 있습니다. 더 이상 죄 속에 거하지 않고 앞으로는 인자하신 하나님의 넓고 무한한 사랑의 품 안에서 살 수 있게 되었습니다. 그러므로 이제는 저의 지체를 불의의 무기로 죄에게 내주지 않고 오직 제 자신을 죽은 자 가운데서 다시 살아나신 예수님 같이 하나님께 드리며 저의 지체를 의의 무기로 하나님께 드리기를 기도합니다(롬 6:13). 그래서 저의 모든 것이 하나님의 나라를 건설하는 데 사용되기를 기도합니다.

이 모든 일은 부활하신 예수 그리스도와 성령을 통해 이루어지는 것임을 고백합니다. 성령님은 예수님의 십자가 죽음과 부활생명을 제 영혼에 적용하시고 실현시키시는 생사의 주관자이십니다. 위대한 장의사이시자 위대한 산파, 혹은 산부인과 의사이십니다. 성령님, 제가 항상 예수님의 죽음을 제 몸에 짊어지도록 도와주십시오(고후 4:10). 그래서 예수님의 부활 생명이 제 몸에 나타나기를 기도합니다(고후 4:11).

이제 제 안에 오직 부활하신 예수님만이 살게 해주세요. 그래서 그 생명이 제 안에서 약동하는 것을 느끼며 살기를 기도합니다. 오직 예수님을 모시고 예수님께 순종하고 예수님께서 제 안에 사시도록 저를 드리기를 기도합니다.

구체적으로 부활하신 예수님께 깊이 뿌리내리고(골 2:6), 이 예수님을 모퉁이의 머릿돌로 삼아(눅 20:17) 예수님 위에 제 인생의 집을 지어가기를 기도합니다. 잡석 같은 저를 명품 보석으로 빚어 주세요. 예수님은 저의 왕이십니다. 제가 늘 예수님의 어명에 순종해서 살아가게 해주세요. 성경에서 교훈을 받은 대로 믿음에 굳게 서서 감사함이 넘치기를 기도합니다(골 2:7). 제가 예수님 안에 거하고 예수님의 말씀이 제 안에 풍성히 거하기를 기도합니다(요 15:7a; 골 3:6). 그래서 무엇이든지 기도하고 응답받기를 기도합니다(요 15:7b). 이를 통해 하나님의 나라가 이 땅에 권능으로 임하기를 기도합니다.

6. Love is Painful

아버지 하나님, 예수님의 복음에 나타난 하나님의 사랑이 너무나 놀랍습니다. 이 사랑을 어떻게 감사해야 할까요? 2014년 12월, 미국 미시간은 날마다 눈이 내렸습니다. 대지는 온

통 눈으로 덮여 있었습니다. 모든 건물이 하얀 모자를 쓰고 있었고 이는 정말 장관이었습니다. 그런데 날씨가 너무 추웠습니다. 그리고 눈은 몇 달 더 계속 내릴 예정이라 지붕이 내려앉는 집도 있을 것이라고 했습니다. 미시간의 겨울은 결코 아름답기만 한 것은 아니었습니다.

당시 그랜드 래피즈(Grand Rapids)의 잉글우드 제 기숙사방 큰 창문 옆에는 제 외아들 다니엘의 사진이 여러 장 붙어있었습니다. 그 사진들을 볼 때마다 제 가슴은 따뜻해졌습니다. 아들에 대한 사랑과 그리움이 교차했습니다. 저는 그때 외아들과 아내를 한국에 두고 혼자 유학을 와 있었습니다.

그런데 그 12월의 어느 날 밤 아내로부터 전화가 왔습니다. 아내는 떨리는 목소리로 다니엘이 큰 교통사고를 당했다고 말했습니다. 다니엘은 의식을 잃었고 생명이 위태롭다고 했습니다. 저는 다시는 살아있는 아들을 볼 수 없을 것 같은 생각에 큰 충격을 받았습니다. 날이 밝기만을 기다리며 고통스러운 밤을 보낸 후, 이른 아침 성급히 돈을 빌려서 emergency ticket을 끊고 한국행 비행기에 올랐습니다. 저는 반쯤 넋이 나가 있었습니다. 한 스튜어디스는 근심 어린 눈으로 저를 보며 괜찮냐고 물어보았습니다.

한국에 도착하자마자, 병원으로 가서 중환자실에 누워있는 아들을 보았습니다. 다니엘은 허벅지 큰 뼈가 완전히 부러졌고, 머리가 크게 부어올라 있었습니다. 때문에 머리뼈를 삼분의 일쯤 도려내었는데, 그 사이로 부풀어 오른 아들의 뇌와 의식 없는 얼굴을 보며 제 마음은 얼마나 무너지고 무너졌는지 모릅니다. 저의 가슴은 마치 부엌에서나 쓰는 큰 칼에 무참히 찔린 듯 아파왔습니다. 얼마나 고통스럽고 뜨겁던지, 속이 다 타버리는 것 같았습니다. 제 마음은 밀랍(촛농)처럼 녹아내렸습니다. 그러한 고통이 수없이 반복되었는데, 그때 제 마음이 얼마나 아팠는지는 하나님만이 아십니다.

당시 다니엘은 다리에 자극을 주면 그때만 잠깐씩 동물적으로 반응할 뿐이었습니다. 뇌파 검사 결과 대뇌의 98%가 죽은 상태였습니다. 저는 날마다 이 아들에게 기적을 베풀어서 살려달라고 하나님께 기도했습니다. 이때 미국에 있던 지도교수 Bosma 선생님은 저에게 앞으로 어떻게 할 것인지, 앞으로의 저의 계획에 대해 이메일로 물어왔습니다. 저는 제 아들을 살려내는 것 말고는 달리 앞으로의 인생 방향이나 계획이 없다고 했습니다.

많은 사람들이 찾아와서 저를 위로해 주고 기도해 주었습니다. 참으로 고마운 하나님의 사람들이었습니다. 그러나 저는 그들 중 어느 누가 제 마음을 제대로 이해할 수 있을까라는 생각을 할 때마다 너무도 외로웠습니다. 수많은 심방과 진심 어린 위로에도 불구하고 달라지지 않는 현실이 너무나 고통스러웠습니다. 당시 그랜드 래피즈 한인 은혜 교회를 섬기시던 김문배 목사님이 저를 위로하기 위해 이메일을 보내주셨는데, 그 이메일에는 이런 말씀이 있었습니다. 'Love is painful' 저는 그 말에 깊이 공감했습니다. 사랑이 좋은 것인줄 알았는데, 그 대상을 잃자 사랑은 너무나 가슴 아픈 것이 되었습니다.

Calvin College에서 구약학을 가르치시던 Won Lee 교수님은 성경에서 표현하는 가장 큰 아픔은 죽음을 통한 분리의 고통이라는 말씀을 해주신 적이 있습니다. 그 말씀대로 당시 저는 사랑이 그렇게 아프고 고통스러운 것인지를 온 몸으로 체험하고 있었습니다. 저를 키워주시던 외할머니가 소천하셨을 때도 그런 아픔을 느꼈었는데, 외아들을 잃은 아픔은 그것과는 비교가 안 되는 압도적인 크기로 저를 덮쳤습니다.

7. 독생자를 십자가에 내어주신 하나님의 사랑

그러던 어느 날 미국에서 같이 공부하던 정원호 목사님이 짧은 편지 글을 보내왔는데, 그 편지엔 이런 말이 있었습니다. '제가 무슨 말로 어떻게 위로해야 할지 모르겠습니다. 그러나 2천 년 전 외아들을 잃은 그 아버지는 변 목사님의 마음을 이해할 수 있을 것입니다' 저는 이 글을 읽으면서 2천 년 전에 저와 같이 외아들을 잃은 분이 있다는 사실을 새삼스럽게 깨닫게 되었습니다. 이분만큼은 저의 마음을 충분히 이해해 주실 수 있을 것 같았습니다. 이 사실이 저에게 얼마나 큰 위로를 주었는지 모릅니다.

그때 저는 저에게 독생자를 주신 하나님의 사랑이 처음으로 어떤 실체가 있는, 가슴으로 느낄 수 있는 것임을 알게 되었습니다. 그렇게 하나님의 사랑을 깨닫자 저는 감격했습니다. 병원교회 바닥에 주저앉아 폭포수 같은 눈물을 쏟아냈습니다. 그것은 슬픔의 눈물이 아니라 감사의 눈물이었습니다. 그때 제 마음은 얼마나 평안했는지 모릅니다.

예수님께서는 살점을 찢어내는 채찍에 맞으시고 머리는 가시관에 깊이 찔리셨습니다. 두 손과 두 발이 십자가에 못 박힌 채로 수직으로 매달려 온몸이 쪼개지는 고통을 겪으셨습니다(창 15:9-10). 마지막 한 방울의 피를 흘리시기까지 받은 그 고난에 어떻게 교통사고의 아픔이 비교가 될 수 있겠습니까? 교통사고로 외아들은 잃은 저의 아픔은 십자가에서 외아들을 잃으신 당신의 아픔에 비하면 아무것도 아닙니다.

더구나 저는 제 의지로 잃은 것이 아니라, 저의 의지와 무관하게 일어난 아픔을 감내해야 하는 것이었습니다. 하지만 당신은 스스로, 자발적으로 그 아픔을 선택하시고 감당하셨습니다. 저와 제 아들을 구원하시고자 당신의 외아들을 당신의 자발적인 의지로 그 끔찍한 고통 속에 밀어 넣으신 것입니다.

이삭을 제물로 바치라 명하신 하나님의 말씀에 순종했던 아브라함을 떠올립니다. 그는 그 당시엔 그 일이 무엇을 의미하는지 몰랐을 것입니다. 그러나 훗날 주께서 우리 죄인들을 구원하시기 위해 독생자 예수님을 그렇게 주시고자 하는 예표로 그 일을 사용하게 된 것을 알았을 때, 그는 비로소 당신이 얼마나 가슴 아픈 고통을 넘어서 우리 인간을 사랑하시고자 하시는 것인가를 알고 전율하며 감동했을 것입니다.

아버지 하나님, 십자가에 독생자 예수님을 매달고자 하셨을 때 얼마나 갈등이 되셨습니까? 자기를 부인하시느라, 외아들을 향한 사랑 많은 아버지의 마음을 내려놓으시느라 얼마나 처절하게 몸부림치셨습니까! 예수님이 십자가에서 피를 흘리며 죽어갔을 때, 사실은 그 아들과 마음 깊이 결탁되어 계셨던 하나님도 예수님과 함께 죽으신 것입니다. 당신은 그렇게 저와 제 아들의 영혼을 살리시고자 위해 당신을 죽이신 것입니다. 천지를 창조하시고 저를 만드신 당신께서 벌레보다 못한 저를 위해 죽으시다니! 저는 그 사랑에 감격하지 않을 수 없음을 고백합니다.

미국인 교수님들은 저에게 'big loss'라는 제목을 달아서 위로의 편지들을 보내주셨는데, 그때 저는 아들의 죽음이 큰 손실임을 알게 되었습니다. 그리고 손실은 극심한 고통을 가져다주는 것이었습니다. 당시 저는 누군가를 얼마나 사랑하는지는 그 사랑하는 대상을 잃어버렸을 때 느끼는 고통의 크기와 같은 것임을 알게 되었습니다. 제가 제 외아들을 사랑했던 것보다, 당신께서 당신의 독생자를 더 사랑하셨을 것입니다. 하나님의 사랑은 신적인 것으로 죄로 오염된 저의 사랑과는 비교가 안 되는 것이었습니다. 교통사고와는 차원이 다른 십자가의 고통을 넘어온 하나님의 사랑은 제가 감히 상상할 수도 없는 크기의 가슴 아픈 고통에 기인함을 고백합니다. 그 사랑의 깊이와 넓이와 높이와 신비로움이 어떠한지 저는 알 길이 없습니다.

죄인들을 구원하시기 위해 독생자 예수님을 십자가에 내어주신 하나님의 사랑은 참으로 하늘을 두루마리 삼고 바다를 먹물 삼아도 다 쓸 수가 없습니다. 진정 당신은 사랑이십니다(요일 4:16). 이 사랑이야 말로 하나님나라의 핵심이며, 당신의 나라는 바로 이 사랑 위에 세워지는 것임을 고백합니다. 하나님 아버지, 저를 이 사랑 위에 굳게 세워주십시오. 늘 이 사랑을 붙들고 이 사랑을 전파하며 살아가게 해주십시오.

✦✦✦ 나의 주기도문 ✦✦✦

1. 사탄에게 짓밟힌 세상

....

....

....

....

2. 예수 그리스도를 통해 임하는 나라

....

....

....

....

3. 저는 죄인입니다

....

....

....

....

4. 예수님을 만났습니다

....

....

....

....

5. 내 영혼에 핀 부활의 꽃

6. Love is Painful

7. 독생자를 십자가에 내어주신 하나님의 사랑

4 부

아버지의 뜻

The Lord's Prayer

_____

_____

_____

_____

1. 하늘에서와 같이 땅에서도

천상의 하늘은 주께서 빛나고 높은 왕좌에 앉아서 직접 다스리는 곳입니다. 천사들은 당신을 시중들며 당신의 명령에 늘 기쁘게 순종합니다. 그래서 천상의 하늘에서 당신은 언제나 아무런 방해도 받지 않고 자신의 뜻을 즐겁게 성취하십니다.[15]

그러나 이 땅의 통치 구조는 천상의 하늘과 다릅니다. 당신은 우리 사람을 하나님의 형상대로 만들어 이 땅을 대리 통치하게 하셨습니다(창 1:26). 그때 당신은 우리에게 이 땅에 대한 통치권을 위임하셨습니다. 그래서 이 땅은 당신이 통치하는 것이 아니라 우리 인간이 다스리게 되었습니다. 그러므

15　김남준, 같은 책, 210쪽.

로 우리가 당신의 뜻을 거부하면, 그 뜻은 이 땅에서 이루어질 수 없습니다. 그러므로 아버지의 뜻이 하늘에서와 같이 땅에서도 이루어지게 해 달라는 기도는 우리가 하나님의 뜻을 받아들이고 그 뜻에 순종해서 세상을 다스리게 해 달라는 기도입니다.

하나님의 형상대로 만들어진 인간은 처음에는 하나님의 뜻에 순종하여 이 땅에서 그 뜻을 이루는 삶을 살았습니다. 그래서 인간이 다스리던 세상은 곳곳에서 하나님의 영광이 드러났고, 천상의 하늘처럼 아름다웠습니다.

그러나 사탄이 하나님의 사랑을 의심하게 하고 탐심을 부추기자, 하나님의 뜻을 저 버리기 시작했습니다. 사탄은 원래 천상의 세계에 살던 천사였습니다. 그는 하나님으로부터 특별한 아름다움과 영광을 받았습니다(겔 28:12-14). 그러나 그는 당신이 주신 특별한 영광에 대해 감사하기보다 교만한 마음을 품었습니다(겔 28:17; 사 14:12-14). 그래서 하나님의 자리에 오르려고 했습니다. 이때 그를 따르는 천사들이 있었습니다(유 6). 천상에서 반란이 일어난 것입니다. 당신은 그 악한 천사와 그의 무리들을 하늘에서 내쫓았습니다(겔 28:15-16; 벧후 2:4; 계 12:9). 장차 영원한 지옥 불못에 던지기로 하고(계 20:10), 남겨진 천사들로 하여금 하늘에서 쫓겨나 더 이상 하나님의 선하심을 맛볼 수 없게 하셨습니다. 이를 통해 그들이 얼마나 비참하며 그들의 최후가 결국 어떻게 되는지를 보게 하셨습니다. 이후 천상의 세계에서는 어느 누구도 하나님의 뜻을 거역하지 않고 있습니다. 모두가 당신의 통치에 순종합니다. 하늘에서는 당신께서 뜻하신 대로 모든 것이 순탄하게 이루어집니다.

그런데 하늘에서 쫓겨난 사탄과 그의 무리들이 인간 세상에 침투했습니다. 그들은 하나님의 지극한 사랑을 받고 있던 인간을 시기했습니다. 그래서 우리가 타락하도록 유혹하기 시작했습니다. 그때 사탄은 자신의 수에 넘어가 하나님의 형상을 잃어버린 우리들을 자신의 부하로 만들고, 죽음에 대한 공포로 위협하여 자신들의 지령을 받아 하나님을 대적하는 자들이 되게 했습니다. 그러자 이 땅에서 하나님의 뜻은 더이상 이루어질 수 없게 되었습니다. 세상은 하나님의 뜻이 아니라 사탄의 뜻이 이루어지는 곳이 되었습니다. 인간은 자기 맘대로 사는 것 같지만, 사실은 사탄의 지배를 받으며 사탄의 뜻을 이루는 삶을 살고 있습니다. 세상에 넘쳐나는 죄와 악이 바로 그 증거입니다.

당신은 이런 세상을 심판해야 했습니다. 사탄과 함께 우리를 영원한 지옥 불못에 던져야 했습니다. 그러나 당신은 우리 인간들을 불쌍히 여기셨습니다. 사랑하셨습니다. 그래서 우리를 구원하시기 위해 독생자 예수님을 보내주시고 십자가와 부활로 죄와 죽음을 정복하게 하셨습니다. 누구든지 이 예수님을 믿을 때, 죄와 죽음에서 구원을 얻고 사탄의 손에서 빠져나올 수 있습니다. 이제 더 이상은 사탄의 뜻을 받들지 않고, 하나님의 뜻을 받들 수 있게 된 것입니다. 하나님의 뜻을 성취하는 삶을 살 수 있게 된 것입니다.

당신께서 주신 자유의지를 통해 우리는 사탄을 벗어나 구원의 동아줄을 잡을 수 있습니다. 우리는 그 의지로 올바른 선택을 하여 하나님의 영광을 드러낼 수 있습니다. 이것이 우리를 향한 하나님의 간절한 뜻입니다. 우리 각자가 자신의 의지로 예수님을 믿고 구원을 얻을 때, 우리는 잃어버린 하나님의 형상을 회복할 수 있습니다.

개개인이 잃어버린 하나님의 형상을 회복한다는 것은 창조시의 상태로 되돌아간다는 말이 아닙니다. 아우구스티누스는 하나님께서 인간을 만드실 때 완전의 초보 상태로 만드셨다고 했습니다. 그런 인간을 완전한 상태로 완성시켜 가려고 하신다는 것입니다. 그러한 완성의 상태까지 회복하는 것이 하나님의 뜻입니다. 다시 말해 우리가 하나님의 거룩한 성품에 참여하여 아버지의 온전하심같이 온전하게 되는 것이 하나님의 뜻입니다(마 5:28).

당신은 또한 인간의 죄로 파괴된 만유도 회복하기 원하십니다. 그 회복된 세상은 새 하늘과 새 땅이 될 것입니다(계

21:1). 이 모든 회복은 예수 그리스도를 통해서 이루어집니다. 예수님의 십자가와 부활의 복음을 통해 인간의 죄 문제가 해결되고, 그 후 인간의 죄로 파괴된 세상도 인간과 함께 회복되는 것입니다. 이 또한 하나님의 애타는 소원입니다.

그런데 이러한 만유 회복의 큰 그림은 대주재이신 하나님의 주권적인 계획입니다. 그래서 이것은 우리 인간의 의지와 행위와는 상관없는 것입니다. 주님은 이 권한을 인간에게 위임하지 않으셨습니다. 이것은 우리 인간과는 상관없이 당신께서 무조건적으로 이루어 가시는 역사입니다.[16] 반면 이에 앞서 언급한 한 인간의 구원과 그 사람의 잃어버린 하나님의 형상의 회복은 인간이 각자 자신의 자유의지로 선택해야 합니다. 그런 선택을 통해서 하나님의 은혜를 입어야 가능한 것입니다(마 28 :19-20; 신 6:5; 레 19:18).[17]

이렇게 볼 때 아버지의 뜻이 땅에서 온전히 이루어지기 위해서는 제가 이것을 위해서 기도를 해야 할 뿐만 아니라, 아버지 하나님의 뜻대로 저의 의지를 사용해야 함을 고백합니다. 아버지 하나님, 제가 아버지의 뜻이 이루어지도록 기도할 뿐만 아니라 기도한 대로 살게 하여 주십시오. 기도와 삶이 같이 가고, 삶이 기도가 되도록 도와주십시오. 제 삶이

---

16 같은 책, 210-211.

17 같은 책, 226-227.

기도에서 결코 분리되지 않고 일치하길 원합니다. 부족한 저를 통해 아버지 하나님의 뜻이 하늘에서 이루어지는 것처럼 이 땅에 이루어지기를 기도합니다.

2. Suffering is a Window

제가 아들을 마음에 묻고 다시 학업을 이어가기 위해 아내와 함께 미국으로 갔을 때, 당시 그곳에 잠시 와 계시던 은사 류호준 교수님께서 저를 집으로 초청해 주셨습니다. 그리고 저를 위로하시며 이런 말씀을 해주셨습니다. 'Suffering is a window'

오랫동안 이 말씀의 의미를 잘 몰랐습니다. 그런데 언젠가부터 저는 점점 저의 고통을 통해 다른 사람의 고통을 볼 수 있게 되었습니다. 제가 고난을 겪기 전에는 보이지 않던 사람들의 아픔과 고통이 눈에 들어왔습니다. 정말 세상에는 고난을 겪고 있는 분들이 많다는 것을 그때서야 알게 되었습니다. 그리고 그분들이 겪는 고난이 얼마나 가슴 아픈 것인지를 비로소 마음으로 이해하게 되었습니다. 이때 저는 제가 겪은 고난이 저의 눈을 가리고 있던 벽을 뚫고 그 벽 너머의 세계를 볼 수 있게 하는 하나의 창문(a window)인 것을 알게 되었습니다.

고향집 뒷산에 아들을 묻고 서울로 돌아왔을 때, 대학 시절 저의 성경 선생님이자 평생의 멘토이신 조재은 사모님은 저에게 고통을 이기는 길을 나보다 더 힘든 사람들을 돕는 것이라고 하셨습니다. 젊은 나이에 남편을 잃고 네 아이들을 홀로 키우시며 체험한 바를 말씀해 주신 것이었습니다. 저는 그 얘기를 마음 깊이 새겼습니다.

이후 고난의 창문을 넘어 세상으로 가서 그곳에 있는 사람들의 아픔을 마음으로 공감하며, 저의 아픔을 나누고 위로를 건넸습니다. 또한 캠퍼스에서 도움이 필요한 학생들을 하나님의 사랑으로 돕고 그들에게 가장 필요한 진리의 말씀을 전해 주었습니다. 그때 많은 이들이 큰 위로와 격려를 받았습니다. 우리는 고통(suffering)이라는 공통점을 통해 좋은 친구가 되었습니다. 뿐만 아니라 그렇게 살다 보니, 정말 제 마음의 상처가 치유되었습니다. 고난의 창문 너머의 세계는 닫힌 공간보다 더 넓고 행복한 곳이었습니다. 사랑과 생명의 꽃들이 만발하는, 너무나도 아름다운 세상입니다. 당신은 참으로 합력하여 선을 이루시는 분입니다(롬 8:28). 아버지 하나님, 계속해서 저의 아픔을 다른 사람들을 위로하고 치료하는데 사용해 주시기를 기도합니다.

3. 아픈 이들을 위한 기도

예수님은 십자가에 달리시기 전 소경의 눈을 뜨게 하시고, 중풍병자를 일어나 걷게 하시며, 귀신을 쫓아내시고 죽은 자도 살리셨습니다. 병을 가지고 찾아온 모든 사람들에게 일일이 손을 얹고 치료해 주셨습니다(눅 4:40). 마침내 우리 인생들의 모든 연약함과 병을 짊어지시고 그것을 십자가로 가져가 자신의 온몸으로 제거하셨습니다(사 53:4; 마 8:17). 그 후 죽음을 이기시고 부활하셔서 지금은 십자가와 부활의 복음을 믿는 자들에게 자신의 피로 치료해 주시고, 부활의 권능으로 역사하셔서 건강한 새 인생으로 부활하게 하십니다.

저는 10년 이상 매년 여러 차례 발등과 아킬레스건 이곳저곳과 무릎에 생긴 염증으로 인해 다리를 절게 되었습니다. 한번 염증이 생겨나면, 1-2주일은 걷기가 어려웠습니다. 특히 무릎에 염증이 생기면 무릎을 움직일 때마다 극심한 통증을 느꼈습니다. 무릎 위에 무릎보다 더 크게 살이 부어오르기도 했는데, 그런 상황에서는 다리 전체를 사용할 수 없었습니다.

몇 년 전에는 이른 새벽에 교회에 나와 기도하다가 요로결석으로 밀려오는 고통을 견디다 못해 쓰러졌습니다. 아내가 불러준 앰뷸런스를 타고 병원으로 실려갔습니다. 달려가는 앰뷸런스 뒤로 멀어져 가는 교회를 바라보는데, 당신께서 부르시면 이렇게 아내 얼굴도 한 번 더 못 보고, 사랑하는 교회 가족들과 인사 한마디 못 나누고 떠나게 되는 것임을 알게 되었습니다. 응급실에서 모르핀을 맞아가며 치료를 받고 결국 며칠 후 돌은 빠져나갔습니다. 감사하게도 이것을 계기로 제 발에 매년 발생하는 염증이 통풍 때문인 것을 알게 되었습니다. 지난해부터 적절한 약을 쓰게 되어 현재는 약으로 병이 잘 다스려지고 있습니다. 아플 때마다 드린 기도를 당신께서 응답해 주신 것에 감사드립니다.

그러나 현대 의학으로도 치료가 안 되는 병들이 세상에는 너무나 많습니다. 그리고 그 고통은 상상을 초월합니다. 얼마 전 폐암으로 소천하신 홍제임스 선교사님의 마지막 순간을 지켜보면서 암으로 인한 고통이 얼마나 큰 것인지를 실감했습니다. 위암으로 소천하신 진여호수아 선교사님의 투병 생활을 통해서도, 그리고 제 아내의 항암 치료를 통해서도 병이 주는 고통의 파괴적인 위력을 간접적으로 체험했습니다. 저는 이 분들을 지켜보면서 만약 제가 암에 걸린다면, 저 고통을 지나 죽음의 강을 안전하게 건널 수 있을까 생각해 보게 되었습니다. 순간 정말 무섭고 아찔하다는 생각이 들었습니다.

육체의 병이 주는 고통은 참으로 큰 것입니다. 하나님의 은혜가 없이는 견딜 수가 없는 것입니다. 하나님, 육체의 질병으로 고통당하는 이들을 긍휼히 여겨주십시오. 아픔을 견딜 수 있는 힘을 주시고, 무엇보다 치료하여 주시기를 기도합니다. ○○○ 형제님의 ○○○ 가 아픕니다. ○○○ 자매님의 ○○○ 가 아픕니다. 이들을 긍휼히 여기시고 그 육체의 질병을 고쳐주세요.

요즘 제 주변에는 육체의 질병뿐만 아니라, 정신적으로 고통당하는 사람들도 많습니다. 특히 우울증, 조울증, 대인공포증, 불안장애, 공황장애, 불면증, 조현병 등 각종 정신질환으로 숨 막히는 삶을 사는 이들이 너무나 많습니다. 밤마다 잠을 이루지 못하고 지옥의 고통을 느끼는 영혼들이 즐비합니다. 이들을 고쳐 주세요. 낫게 해주세요. 성경에 기록된 '믿음의 기도는 병든 자를 구원하며, 주께서 일으키시리라'는 약속을 믿습니다(약 5:15). 이 약속의 말씀을 믿고 간구합니다. 예수님은 전능하신 하나님이십니다. 그리고 긍휼과 사랑이 풍성하십니다. 이들에게 예수님의 십자가 보혈의 은혜가 필요합니다. 부활의 능력이 필요합니다. 복음의 완성자 이신 예수님의 치료의 손길이 필요합니다. 고쳐 주십시오.

○○○ 자매님의 영혼이 우울증으로 많은 고통을 겪고 있습니다. 그의 병든 영혼을 치료해 주세요. ○○○ 형제님의 마음에 많은 상처가 있습니다. 어린 시절부터 불우한 환경에서 그가 얼마나 많은 아픔을 겪어왔는지 당신은 아십니다.

그를 위로해 주시고, 그의 마음의 상처를 다 치료해 주십시오. ○○○의 영혼을 괴롭히는 악령을 몰아내 주십시오. 사탄이 그의 영혼을 얼마나 짓밟고 괴롭히는지 모르겠습니다. ○○○ 선교사님의 아이들을 불쌍히 여겨 주십시오. 이 선교사님의 마음이 날마다 얼마나 무너져 내리는지, 당신은 아십니다. 하나님, 선교사님의 마음을 위로해 주십시오. 아이들을 치료하여 주십시오.

아버지 하나님, 저는 어떤 병도 고칠 수 있는 당신의 전능하신 능력을 믿습니다. 무엇보다 모든 연약함과 병을 제거하시는 십자가의 능력을 믿습니다. 저는 이미 우리 교회 안에서 이를 수없이 듣고 보아왔습니다.

○○○ 형제는 중학교 시절 일진 친구들에게 많은 구타와 폭력을 당했습니다. 그 폭력은 1년 내내 이어졌습니다. 정신과에 갔더니 그를 진단한 의사는 우울증이 너무 심해서 이 병은 평생 고칠 수 없을 것이라고 했습니다. 이런 병을 가지고 들어온 대학 시절은 매우 암울했습니다. 그러나 그가 성경을 공부하고 여름 수양회에 참석해서 자신을 위해 십자가에 달려 죽으신 예수님을 만나자 그토록 심하던 우울증이 말끔히 사라졌습니다. 그는 예수님께서 십자가에서 자신을 못에 박은 자들을 위해서 기도하는 것(눅 23:34)을 보고는 그 용서의 사랑에 감동하여 자신을 망가뜨린 친구들을 진심으

로 용서하고 그들을 위해 기도하게 되었습니다. 그는 자신의 아버지에 대해서도 미워하는 마음이 있었는데 회개하고 아버지와의 관계를 잘 회복했습니다.

당신은 그에게 탁월한 지성을 주셨습니다. 그는 과학자요 유명한 교수가 되어 세계적인 연구 성과들을 내며 하나님께 큰 영광을 돌렸습니다. 뿐만 아니라 과거 자신처럼 병들고 고통당하는 청년들의 아픔을 어루만져 주며 그들의 여러 어려움들에 귀를 기울이고 그 문제의 실제적인 해결을 위한 많은 도움을 주었습니다. 물심양면으로 지원해 주며 무엇보다 예수님의 십자가 사랑을 열정적으로 전하는 복음 전파자가 되었습니다.

의대에 입학했던 ○○○ 형제는 인생의 의미를 몰라 방황했습니다. 그러다가 건강염려증에 걸려 밤마다 악몽을 꾸었습니다. 그는 암에 걸렸다는 망상에 빠졌습니다. 병원에 가서 검사를 해 보니 멀쩡했지만 이내 현대 의학으로도 진단이 안되는 희귀 암에 걸렸다고 생각했습니다. 이런 생각으로 점점 그 영혼이 죽어가자 그의 어머니는 공부가 너를 망쳤다며 다 포기하고 이민을 가자며 아들을 안고 울었습니다. 그랬던 그가 예수님의 십자가와 부활의 복음을 영접하자 단잠을 자게 되었습니다. 뿐만 아니라 건강 염려증이 완전히 사라졌습니다. 그는 현재 유명한 의과대에서 능력 있는 교수로 살아가고 있습니다. 무엇보다 예수님의 십자가 복음을 능력 있게 전하는 훌륭한 평신도 설교자가 되었습니다. 그래서 그를 통해 많은 이들이 예수님을 만나 치유를 받고 있습니다.

신경 강박증에 걸려 자유함이 없던 이들도 고쳐 주셨습니다. 그들 중 한 분은 현재 소속 학교에서 가장 존경받는 교수가 되었습니다. 또 한 분은 천사도 흠모하는 전도인의 삶을 아주 열심히 살아가고 있습니다. 당신께서는 또한 게임 중독, 술, 담배, 약물 중독에 걸린 이들도 치료해 주셨습니다. 원인을 알 수 없는 두통으로 고통당하던 이들도 치료해 주셨습니다.

이뿐만이 아닙니다. 당신께서는 깨어진 가정의 큰 상처 속에 살아온 영혼들의 아픔도 치료해 주셨습니다. 그리고 그들의 마음에 하늘의 평화를 내려주셨습니다. 예수님의 십자가와 부활의 복음에는 큰 치유와 구원의 능력이 있습니다. 예수님은 진실로 그 어떤 불치병도 낫게 하실 수 있는 전능하신 하나님이십니다. 계속해서 우리 교회 안에 나음과 회복의 역사를 이루어 주십시오. 더 강력한 치유의 역사가 교회 안에서 일어나게 해주십시오.

하나님 아버지, 세상엔 여전히 끔찍한 아픔을 겪고 견디기 어려운 환난을 당하고 있는 사람들이 많이 있습니다. 그들을 고쳐 주십시오. 그들을 치료하는 일에 저를 사용해 주십시오.

4. 아내를 위한 기도

몇 년 전 아내가 암에 걸렸을 때, 저는 밤을 새워가며 '갈보리 산 위에 십자가 섰으니…' 찬송가를 반복해서 불렀습니다. 그리고 눈물로 하나님께 아내를 살려달라고 기도했습니다. 당신은 저의 기도를 들어주셨습니다. 그래서 말기 암에서나 볼 수 있는 크기의 암 덩어리를 수술을 통해 깨끗하게 제거해 주셨습니다. 오랜 기간의 항암 치료를 잘 받게 하시고 암이 깨끗하게 사라지게 해주셨습니다.

또한 당신은 암을 통해 아내를 오랫동안 괴롭히던 우울증을 치료해 주셨습니다. 아내는 항암 치료를 받는 동안 하나님 앞에서 자신의 죄를 깊이 발견하고 진실하게 회개했습니다. 이때 당신께서는 아내를 인격적으로 만나 주시고, 성령 충만함을 체험하게 해주셨습니다. 아내는 비로소 거듭나게 되었다며 크게 기뻐했습니다.

이후 아내는 만나는 많은 사람들에게 복음을 전했습니다. 병에 걸린 사람들의 치료와 회복을 위해 진심으로 기도해 주었습니다. 더 나아가 그들의 영혼의 아픔까지도 어루만져 주었습니다. 병원에서는 처음으로 이 달의 친절 의사로 뽑혔습니다. 아내는 날마다 감사 일기를 쓰기 시작했습니다. 아내의 일기장엔 감사제목이 가득합니다. 당신은 암도 합력하여

선을 이루어 주시는 분이십니다.

아내가 수술을 받고 항암치료를 받는 동안 당신께서는 저희 가정이 많은 분들의 사랑과 기도를 받게 해주셨습니다. 그래서 저희는 사랑의 빚을 크게 졌습니다. 하나님, 제가 이분들에게서 받은 사랑을 잊지 않게 해주세요. 제가 이분들을 뜨겁게 사랑하고 사랑의 빚을 다 갚을 수 있기를 기도합니다. 제 아들 다니엘이 죽어갈 때도 전 세계에 흩어진 저희교회 성도들이 뜨겁게 기도해 주었습니다. 미국에 있던 신대원 동료 학생들과 교수님들도 정말 많이 기도해 주셨습니다. 그 학교 역사상 한 사람을 위해 이렇게 많이 기도한 적은 없었다고 했습니다. 하나님, 제 아들과 제가 받은 이 큰 사랑, 눈물로 감사드립니다.

아내는 암은 치료되었으나 이후 부작용으로 뼈가 약해져 수차례에 걸쳐 여러 개의 뼈가 부러지거나 금이 갔습니다. 녹내장을 앓던 눈이 항암 부작용으로 안압이 높아져 있었는데, 이런 사고가 겹치자 안압이 더욱 올라가 실명 위기를 겪게 되었습니다. 서 있을 수가 없어서 누우면 안압이 올라가고, 그렇다고 아픈 발로 서 있기도 힘든 그야말로 진퇴양난의 상황이 되었습니다. 아내는 이대로 죽게 해 달라고, 그래서 속히 천국으로 데리고 가 달라고 울부짖었습니다. 어린 두 딸들도 같이 우는 바람에 집안은 울음소리로 가득 찼습니다.

이런 아내를 병원에 데리고 갔다가 엘리베이터 안에서 제가 실수로 아픈 발을 벽에 부딪치게 하여 큰 고통을 주었습니다. 아내는 제 앞에서는 울지 못하고 화장실로 가서 울었습니다. 화장실에서 나오는 아내의 퉁퉁 부은 눈을 보니 얼마나 아팠을지, 그래서 얼마나 많이 울었을지 가늠할 수 있었습니다. 저는 못 봤지만 당신은 화장실 안에서 아내의 우는 모습을 다 보셨습니다. 아내의 녹내장은 더 심해졌고, 수술하지 않으면 안 될 위험한 상황에 처해졌습니다. 그렇다고 수술하자니 실명의 위험이 컸습니다. 기가 막힌 상황에서 아내는 간절히 기도했습니다. 눈물로 생각나는 모든 죄를 회개했습니다. 당신은 아내의 회개를 받아 주셨습니다. 저와 아내의 기도를 들어주셨습니다. 수술하지 않고도 지낼 수 있도록 눈을 지켜주셨습니다. 감사합니다.

그리고 몇 년이 지났는데, 얼마 전 아내의 눈 상태가 한쪽이 75% 이상 시신경이 죽었다는 검사결과가 나왔습니다. 최근에는 거의 보이지 않는다는 충격적인 얘기를 들었습니다. 다른 한쪽도 거의 절반 넘게 시신경이 죽었다는데, 상황은 계속 더욱 악화되고 있기만 합니다. 엎친데 덮친 격으로 얼마 전 아내의 다른 쪽 가슴에 새로운 암이 발견되었습니다. 하나님의 은혜로 아직 눈은 수술 없이도 앞을 볼 수 있고, 암은 수술을 통해 잘 제거되었습니다. 그런데 얼마 후 초음

파 검사를 해보니 이번엔 다른 곳에 암이 발생했다는 증상이 보인다며 또 조직검사를 하자고 했습니다. 또다시 암이라니, 너무나 참담했습니다. 신중에 신중을 거듭하여 여러 의사들의 의견을 들어보게 되었고, 다행히 아직은 아닌 것으로 결론이 내려져 좀 더 지켜보게 되었습니다. 그러나 암 발생 가능성은 높아지고 있고, 여전히 외줄을 타는 듯한 상황입니다. 정말 끝이 없는 것 같습니다.

아버지 하나님, 제 아내를 암으로부터 안전하게 지켜주십시오. 아내의 몸에 어떤 암세포도 잔존하지 않도록 도와주십시오. 암이 재발하지 않게 해주십시오. 아내의 몸에 다른 어떤 암도 생기지 않도록 보살펴 주시기를 기도합니다. 하나님, 제 아내의 눈의 죽은 시신경을 살려주세요. 그래서 잃어버린 시력을 회복시켜 주세요. 아내를 질병과 사고로부터 지켜주시고 건강한 몸으로 주의 일을 할 수 있도록 은혜를 베풀어 주십시오.

여러 질병으로 이 딸을 연단해 주신 것을 감사드립니다. 아내는 하나님 앞에서 바로 살고자 애를 썼는데, 왜 계속 시련을 주시는지 그 이유를 알지 못해서 몹시 답답하다는 말을 자주 합니다. 아버지, 아버지께서 친히 그 이유를 가르쳐 주십시오.

세상을 향한 모든 마음을 내려놓고 하나님만을 의지해서

살며, 위의 것만을 생각하라는 뜻은 아닌지요? 세상에 대한 집착, 자신에 애착, 이런 것들이 있다면 다 내려놓도록 도와주십시오. 당신은 이 딸을 사랑하십니다. 그래서 가지치기를 하고 있다고 믿습니다(요 15:2b, "무릇 열매를 맺는 가지는 더 열매를 맺게 하려 하여 그것을 깨끗하게 하느니라").

아내가 하나님의 선하신 뜻을 잘 깨닫고 하나님의 능하신 손 안에서 하나님의 뜻대로 빚어져 예수 그리스도 안에서 풍성한 생명의 열매를 맺도록 축복해 주십시오. 지금까지 아내가 기도하던 많은 것들을 응답해 주신 것을 감사합니다. 계속 주안에서 구하는 모든 기도에 응답을 받도록 축복해 주십시오.

5. '플레레스' 사랑(Overflowing Love)

사도행전 9장 36절을 보면, '다비다'라 불리는 여인이 있습니다. '다비다'라는 이름은 아람어로 '암사슴'이라는 뜻으로 아름다움을 상징합니다. 36절 뒷부분을 보면, 그녀는 선행과 구제를 심히 많이 했다고 합니다. 특히 그녀는 당시 그녀가 살던 욥바 지역의 과부들의 속옷과 겉옷을 만들어 주었습니다. 옷은 예나 지금이나 생존을 위한 필수품입니다. 그런데 당시 겉옷은 낮에는 햇빛을 차단하는 망토로도 쓰고, 밤에는 덮는 이불로 사용하기도 했습니다. 그래서 그 시대 사람들에게 겉옷은 일종의 재산이 되어 돈이 필요할 때는 겉옷을 저당 잡기도 했습니다. 다비다는 이러한 옷을 과부들에게 일일이 지어 입힌 것입니다. 그래서 그녀가 병들어 죽게 되었을 때, 과부들은 모두 다비다가 만들어준 속옷과 겉옷을 내 보이며 크게 울었습니다. 과부들의 옷과 눈물은 다비다가 살아생전에 얼마나 이타적이고 아름다운 삶을 살았는가를 보여주는 증거였습니다.

36절에서 다비다는 선행과 구제를 심히 많이 했다고 했는데, 여기서 '심히 많았다'는 말에는 헬라어 '플레레스'가 사용됩니다. 이 단어를 우리말로 '가득 찬', '완전한'이라고 번역하는 분들이 있는데 원문의 문자적인 의미를 그대로 살려서 번역하면, 가득한 상태를 넘어 계속 넘쳐흐르는 것을 뜻합니다. 그녀의 선행과 구제는 '플레레스'였습니다. 가득을 넘어 흘러넘치는 선행이었습니다. 그것도 일시적으로가 아닌 지속된 선행이었습니다. 선행과 구제를 하는 내내 다비다의 심령에는 사랑이 부족한 적이 없었습니다. 항상 차고 넘쳐서 죽는 순간까지 계속해서 타인에게로 흘러갔습니다.

다비다의 삶 속에서 마르지 않고 계속해서 흘러넘쳤던 이 사랑은 어디서 온 것일까요? 36절은 다비다가 예수님의 '여

제자였다고 말합니다. 신약성경에서 여제자라는 말은 처음 등장하는데, 다비가 얼마나 열심히 예수님을 배운 사람인가를 알려주는 말 같습니다. 이렇게 볼 때 다비다의 사랑의 삶의 원천은 예수님입니다. 다시 말해 죄로 죽은 자신을 위해 십자가에 달려 모든 물과 피를 흘려보내주신 예수님의 사랑이 그녀의 영혼에 끊임없이 흘러들어와 그녀의 영혼을 가득 채우고 흘러넘친 것입니다. 예수님은 우리를 위해 십자가에서 옷이 벗겨졌습니다. 겉옷은 군병들이 나누어 가졌습니다. 이후 자신의 몸을 찢고 피를 흘린 후 자신의 찢긴 몸으로 의의 예복을 만들어 복음을 영접하는 모든 사람들에게 한 벌씩 입혀 주셨습니다. 그 옷은 우리의 속사람과 겉의 육체를 모두 가려 주는 것입니다. 다비다는 이렇게 예수님의 사람으로 자신의 삶의 자리를 정돈했습니다. 그리고 과부들을 비롯한 다른 사람들의 삶의 자리까지 정돈해 주며 뜨거운 사랑을 베푸는 이타적인 삶을 살았습니다(행 9:34). 하나님, 저도 다비다처럼 아름다운 사랑의 삶을 살 수 있도록 도와주세요. 그래서 이 땅의 과부와 같이 가난하고 힘없는 사람들에게 위로를 주고, 많은 이들을 하나님의 사랑의 품으로 인도할 수 있기를 기도합니다(행 9:42).

"사랑은 오래 참고 사랑은 온유하며 시기하지 아니하며 사랑은 자랑하지 아니하며 교만하지 아니하며 무례히 행하지 아니하며 자기의 유익을 구하지 아니하며 성내지 아니하며 악한 것을 생각하지 아니하며 불의를 기뻐하지 아니하며 진리와 함께 기뻐하고 모든 것을 참으며 모든 것을 견디며 사랑은 언제까지나 떨어지지 아니한다"라고 했습니다(고전 13:4-8). 이 사랑은 하나님의 사랑, 신적인 사랑입니다. 하나님만이 가진 사랑입니다. 당신은 이러한 사랑 그 자체이십니다. 하나님, 저에게 이러한 사랑을 주십시오.

이러한 사랑이 없으면 저는 울리는 꽹과리일 뿐, 아무것도 아닙니다(고전 13:1). 제가 죽은 믿음이 아닌 사랑으로 꽃피는 참 믿음을 갖기를 원합니다. 제가 사랑을 사모하게 해주십시오(고전 12:31). 제 심령에 하나님의 사랑을 쏟아부어 주십시오.

예수님, 예수님은 부활하신 시몬 베드로를 찾아가 '네가 나를 사랑하느냐?'고 물으셨습니다(요 21:15). 그리고 '네가 나를 사랑한다면 내 어린 양을 먹이라'고 하셨습니다. 주님, 저는 예수님을 사랑합니다. 날마다 예수님의 어린 양들을 생명의 말씀으로 먹이기를 기도합니다. 예수님을 사랑하는 마음으로 양들을 사랑하기를 기도합니다. 잃어버린 예수님의 어린 양들에게 복음을 전하는 전도를 멈추지 않게 해주세요. 전도는 예수님을 향한 저의 멈출 수 없는 사랑입니다(행 5:42). 그 사랑을 멈추지 않게 해주세요.

유대인들은 이방인들의 피가 섞인 북쪽의 사마리아 백성

들을 경멸했습니다. 우상을 숭배하는 그들을 짐승 취급했습니다. 그러나 예수님은 유대인이었지만 다른 유대인들과 달리 사마리아 백성들을 경멸하지 않고 사랑하셨습니다(요 4). 그래서 사마리아 성으로 들어가 수가 성 우물에서 물을 긷고자 나온 여인에게 복음을 전해 영생하도록 솟아나는 샘물을 주셨습니다(요 4:4-29). 그녀뿐만 아니라 그녀가 데리고 온 동네 사람들 모두에게 진리의 말씀을 가르쳐 주셔서 그들도 영생수를 마시게 해주셨습니다(요 4: 30-42). 그래서 사마리아 성에는 큰 기쁨이 샘솟게 되었습니다.

전도자 빌립은 사도들에게서 이 예수님에 대해 들었습니다. 그는 이 예수님을 배우고 예수님의 마음을 품은 뒤 사마리아 성에 들어가 하나님나라와 예수 그리스도의 이름을 전하며 복음의 말씀을 가르쳤습니다(행 8:5, 12). 그 결과 사마리아 사람들은 복음을 영접하고 세례를 받았습니다. 그때 사마리아 성에서는 더러운 귀신이 떠나가고 병자들이 낫는 등 큰 성령의 역사가 일어났습니다(행 8:7). 무엇보다 병이 낫지 않은 사람들도 구원의 은혜에 감사하여 병이 나은 사람들과 함께 하나님을 예배하고 다른 사람들을 섬기는 놀라운 역사가 일어났습니다(행 8:7).[18] 사마리아 성에는 큰 기쁨이 샘솟

---

18 사도행전 8장 7절의 끝 단어, '나으니'라는 말의 원문으로 보면, 헬라어 '테라피오'라고 되어 있습니다. 이 단어에서 치료를 의미하는 영어 therapy가 나왔습니다. 그런데, 헬라어로 이 단어는 service와

앉습니다(행 8:8). 사마리아 땅 곳곳은 마치 기쁨이 사람이 되어 골목마다 돌아다니며 춤을 추는 듯했습니다.

그런데 주의 천사가 나타나 빌립에게 예루살렘 남쪽으로 가라고 지시했습니다(행 8:26). 그 길은 광야 길이었습니다. 자신을 좋아하며 도와달라고 따르는 수많은 양떼들을 두고, 아무도 없는 광야로 가라니 얼마나 순종하기 힘들었을까요? 그러나 빌립은 순종했습니다.

그는 광야 길을 걸으며 저 천국을 떠나 광야 같은 세상에 오신 예수님을 생각했을 것입니다. 공생애를 시작하기 전 광야에서 40일을 금식하신 예수님을 묵상했을 것입니다. 그는 수많은 사람들에게 둘러싸였던 사마리아를 떠나 광야로 오니 기도할 시간이 많아졌습니다. 이때 그는 자신을 예수님께 묶는 기도를 했습니다.[19] 그러자 그의 마음은 사람들 대신 하

---

serving, 즉 하나님을 예배하거나 다른 사람들을 섬긴다는 의미의 영어 'serve'의 뜻도 가지고 있습니다. 우리가 잘 알듯이 예수님께서 모든 사람들의 병을 다 고쳐주는 것은 아닙니다. 2천 년 전 사마리아 사람들이 빌립이 전한 복음을 다 받아들이고 그 말씀을 믿었다고 해서 그 성에 있던 모든 불치병자들이 다 나은 것은 아닐 수도 있습니다. 어떤 사람들은 하나님의 뜻이 있어서 불치병을 평생 안고 살아가기도 했을 것입니다. 동일한 복음을 듣고 동일한 병을 치유받은 자들도 있는데, 나는 그렇지 않을 경우, 낙심이 되고 원망과 불평이 터져 나오기도 합니다. 그러나 사마리아 백성들은 육신의 병과 관계없이, 여전히 중풍병에 걸려 있고 걸을 수 없음에도 불구하고 자신들을 구원해 주신 하나님께 감사의 찬양을 부르며 마음을 다해 예배를 드렸습니다. 뿐만 아니라 몸에 병이 있음에도 불구하고 다른 사람들을 섬길 줄 아는 자들로 변화되었습니다.

19 '기도하다'라는 말은 헬라어로 보면, '구하다', '요청하다'라는 의미로 사용되는 단어도 있지만(프로스유코마이), '묶다' '동여매다'라는 어근을 가진 단

나님과 예수 그리스도로 가득 채워지게 되었습니다. 이후 그의 심령엔 성령이 충만해졌습니다. 광야는 그에게 천국이었습니다.

광야 길을 지나며 예루살렘 남서쪽 70km 정도 떨어진 도시 가사에 도착했습니다. 그때 성령께서는 병거를 타고 고국 에티오피아로 돌아가고 있던 내시에게 가서 복음을 전하라고 했습니다(행 8:29). 빌립은 다가가 그가 읽고 있던 이사야 선지자의 글을 가르쳐 주며, 그 글로부터 시작하여 예수 그리스도를 전했습니다(행 8:35). 이때 내시는 복음을 영접하고 세례를 받았습니다(행 8:38). 이로써 아프리카 대륙에 복음이 들어가게 됩니다. 빌립은 사마리아의 큰 성령의 역사를 버려두고 광야로 오게 되었을 때, 당신께서 왜 이렇게 일을 하시는지 이해할 수가 없었을 것입니다. 그러나 하나님의 생각은 자신의 생각보다 높았습니다(사 55:8-9). 주님은 빌립을 사마리아 성 정도가 아니라 아프리카 대륙 전체에 복음의 물꼬를 트는 일에 사용하신 것입니다. 빌립은 이후 다시 북상하여 아소도 여러 성읍에서 복음을 전하고 저 북쪽 가이사랴 빌립보까지 가서 복음을 전했습니다(행 8: 40).

빌립은 한 곳에 정착하지 않았습니다. 그렇기에 사람들에

어(데오마이)도 있습니다. 사도행전 8:22와 누가복음 21장 36절과 22장 32절에서 사용된 '기도하다'는 동사가 후자에 해당됩니다.

게서 열심히 섬겨준 대가를 받을 수가 없었습니다. 그는 오로지 천국 상급을 바라고 성령의 방향에 순종하며 살았습니다. 그는 순수하고 아름다운 전도자였습니다. 하나님 아버지, 저도 전도자 빌립과 같은 자세로 복음을 전하기 원합니다. 빌립처럼 늘 성령의 방향에 순종하기를 기도합니다. 성령이 지시하는 대로 가서 성령이 전하라고 하는 그 사람에게 힘써 복음을 전하고 세례를 베풀게 하여 주십시오. 성령이 저를 광야로 인도하더라도 기꺼이 그곳으로 가서 예수님을 전하게 해주십시오.

제가 섬기는 ○○○가 예수님을 깊이 인격적으로 만나게 도와주세요. 매주 ○○○, ○○○, ○○○에게 성경을 가르치며 복음을 전할 수 있게 해주세요. ○○○가 매주 열심히 전도하며 복음을 전하는 삶을 살게 해주세요. ○○○가 함께 복음의 역사를 섬길 배우자를 만나 믿음의 가정을 이루기를 기도합니다. ○○○가 그리스도가 교회를 사랑하듯 아내를 사랑하기를 기도합니다. 그 가정이 한 마음으로 하나님을 섬기며 한 마음으로 예수님의 어린 양들을 돌보는 아름다운 사역을 계속해 나가기를 기도합니다.

아들 다니엘을 먼저 떠나보내고 저와 아내가 마음이 얼마나 힘들었는지 누구보다 주님이 잘 아셨습니다. 당신은 저희를 긍휼히 여기시고 사랑스러운 두 딸을 주셨습니다. 이 아이들로 인해 집안에 날마다 웃음꽃이 만발합니다. 저와 아내는 얼마나 행복한지 모릅니다. 그런데 제가 아픔 중에 있을 때, 저에게 이런 날이 오도록 날마다 기도해 주신 분이 계셨습니다. 김종희 할머니이십니다. 이 할머니는 자신의 딸을 통해 제가 아들을 잃었다는 소식을 듣고는 날마다 저 집에 웃음소리가 깨가 쏟아지듯이 쏟아지게 해 달라고 늘 기도해 주셨습니다. 나중에 그 이야기를 듣고 그분의 기도가 얼마나 제 마음을 감동시켰는지 모릅니다. 지금은 하늘나라에 가 계신 김종희 할머님께 깊이 감사드립니다.

저의 두 딸은 정말 사랑스러운 저의 보석들입니다. 당신께서 맡겨 주신 귀한 아이들을 제가 마음을 다해서 사랑하고 충성된 청지기로 키우기를 기도합니다. 이 아이들을 여러 위험과 질병과 죄악으로부터 지켜주십시오. 이 아이들이 밝고 건강하고 지혜와 사랑이 많은 아이들로 자라서 많은 사람들을 옳은 길로 인도하는 삶을 살기를 기도합니다(단 12:3).

우리 교회 주일학교 아이들을 위해서도 간절히 기도합니다. 그들도 모두 영육 간에 건강하고 지혜롭고 좋은 성품을 가진 훌륭한 하나님의 종들로 성장하기를 기도합니다. 저의 교회에 많은 아이들이 태어나게 해주셔서 감사합니다. 이 귀한 생명들과 부모들을 위해서도 기도하며 그 가정들의 필요를 위해서도 아비의 마음으로 기도하게 해주십시오.

아버지 하나님, 예수님께서 저를 목숨을 바쳐 사랑해 주신 것처럼 저도 그렇게 형제와 자매를 사랑하기를 기도합니다(요 13:34). 당신은 사랑이십니다(요일 4:8, 16). 하나님의 사랑은 저를 구원하시고자 독생자를 십자가에 내어주신 사랑입니다. 당신은 그 사랑을 제 마음에 부어주셨습니다(롬 5:5).

이 하나님의 사랑을 의지해서 저도 하나님을 마음과 힘을 다해 사랑할 수 있기를 기도합니다(신 6:5). 당신을 깊이 사모하고 갈망하며 목숨을 바쳐 사랑하게 하소서! 그리고 당신이 제 영혼에 쏟아부어주신 사랑을 세상을 향해 남김없이 흘려보내게 하옵소서. 이를 통해 이 땅 곳곳에 사랑의 꽃을 피우며 하나님의 사랑의 나라를 세울 수 있기를 기도합니다. 사랑 안에는 두려움이 없습니다(요일 4:18). 그러므로 이러한 사랑의 삶이야말로 죽어서 하나님의 심판대 앞에 설 때, 두려움 없이 담대하게 설 수 있게 하는 것임을 믿습니다(요일 4:17). 제가 하나님께 받은 사랑을 세상에 다 흘려보내 그 사랑을 완성하기 원합니다. 그래서 어떤 두려움도 없이 마치 시상대에 오르는 마음으로 하나님의 심판대에 올라설 수 있기를 기도합니다.

아버지 하나님, 예수님은 머지않아 자신들의 죄로 멸망할 예루살렘 성을 보시고 우셨습니다(눅 19: 41). 그날에 예루살렘 성은 돌 하나도 돌 위에 남지 않고 다 무너질 것입니다. 죄에 대한 심판은 그렇게 무서운 것입니다. 그때 예루살렘 성을 보시고 우신 예수님처럼 저도 죄로 멸망해 가는 이 세상(특히 제가 섬기는 서울대와 전 세계 캠퍼스의 영혼들)을 보며 그들의 구원을 위해 눈물로 기도하기를 원합니다. 예수님께서 십자가에 쏟으신 사랑을 제 마음에 폭포수처럼 부어주셔서 강같이 흐르게 해주세요. 그래서 예수님께서 저를 사랑하신 것처럼 저도 그렇게 한 영혼, 한 영혼을 예수님의 마음으로 사랑하게 해주세요. 물을 포도주로 변화시키셨던 것처럼 이기적인 저를 사랑의 사람으로 변화시켜 주십시오.

아버지 하나님, 저에게 영혼에 대한 불타는 사랑을 부어주십시오. 그래서 이스라엘 백성들을 위해 "그들의 죄를 사하시옵소서 그렇지 않사오면 원컨대 주의 기록하신 책에서 내 이름을 지워버려 주옵소서"(출 32:32)라고 기도한 모세와 같이, 또한 '제게 스코틀랜드를 주소서. 그렇지 않으시면 제게 죽음을 주십시오'라고 기도한 존 녹스와 같이 기도하게 하옵소서. 주님, 제가 섬기는 이 영혼들을 구원해 주십시오. 서울대를 주십시오. 그렇제 않으시면 제게 죽음을 주십시오.

저를 너무나도 사랑하시는 아버지 하나님, 저에게 성령 충만함을 주세요. 항상 거룩한 삶을 살기 원합니다. 기쁨과 평화와 감사가 넘치고 긍휼과 자비와 온유로 옷 입게 해주십시오(골 3:12). 무엇보다 겸손하게 해주십시오. 가난한 마음을 주시고 애통한 마음을 주시기를 기도합니다(마 5:3-5). 이 모든 것 위에 사랑을 더하여 주십시오(골 3:14).

복음신앙 위에 굳게 서서 말씀 생활에 힘을 다하게 해주세요. 매주 제가(혹은 우리 교회의 ○○○이) 성경공부를 인도하거나 메시지를 전할 때, 듣는 이들의 심령 골수를 찔러 쪼개어(히 4:12) 죄를 도려내고 예수님의 피로 그들의 영혼을 거듭나게 하기를 기도합니다. 그래서 듣고 배우는 모든 이들이 하나님나라에 들어가 하나님의 사랑을 풍성히 체험하고, 온 맘을 다해 예수님을 따르는 역사가 나타나기를 기도합니다.

성경을 가르치거나 메시지를 전할 때마다 성령의 능력을 기름 붓듯 부어주십시오. 그래서 항상 예수 그리스도와 그의 십자가 복음을 뿜어내기를 기도합니다. 저에게서 듣고 배우는 모든 사람들이 위로를 받고 삶에 희망을 품고 용기를 얻기를 기도합니다. 또한 병이 치료되고 귀신이 쫓겨나가고 깨어진 관계가 회복되고 사랑이 꽃피게 해주세요. 모든 잘못된 생각을 회개하고 하나님 앞에서 바로 서게 해주십시오. 길이요 진리요 생명이신 예수님(요 14:6)을 마음을 다해 사랑하고 모시며 예수님과 하나 되어 예수님만을 따르게 해주십시오.

제가 쉬지 않고 기도하며 말씀 사역에 힘쓰기를 기도합니다(행 6:4). 그리고 우리 교회 모든 성도들도 쉬지 않고 기도하도록 돕고, 복음 역사에 헌신하도록 섬기기를 기도합니다. 매주 주일 설교를 혼신의 힘을 다해 감당하고, 설교한 말씀에 대해서는 제가 먼저 반드시 순종하며 살기를 기도합니다. 하나님의 말씀이 저희 교회(와 서울대)에서 왕성하게 역사하여 그 어떤 교만한 이들이라도 모두 회개하고 허다한 구원 역사에 동참할 수 있기를 기도합니다(행 6:7). 서울대학교에서 매년 열두 제자들이 새롭게 세워지고 장차 이들을 통해 7천 명의 제자들이 일어나 전 세계 캠퍼스로 나아가기를 기도합니다. 이 모든 것이 꺼지지 않는 사랑의 불꽃이 되게 해주십시오. 멈추지 않고 흐르는, 사랑의 강물이 되게 하소서!

6. 기도의 소원, 불타는 열정

사무엘은 자신의 백성들에게 '너희를 위하여 기도하기를 쉬는 죄를 여호와 앞에서 결단코 범하지 않겠다'고 말했습니다(삼상 12:23). 그런데 저는 당신께서 저에게 돌보라고 맡겨주신 귀한 영혼들과 너무나도 중요한 캠퍼스를 위해 기도하기를 쉬는 죄를 수없이 범했습니다. 하나님, 어제도 기도를 쉰 저의 죄를 용서해 주십시오. 제가 참으로 사랑이 없습니다. 그래서 기도하기를 싫어합니다. 기도에 무능한 자입니다. 이

육신이 기도하기를 얼마나 싫어하는지 제 힘으로는 단 5분도 기도할 수가 없습니다.

이 연약한 자를 위해 말할 수 없는 탄식으로 간구해 주시는 성령님(롬 8:26), 저를 도와주세요. 성령님께서 저를 붙드시고 이끌어 주시며 제 안에서 기도해 주세요. 제가 성령님의 손을 잡고 성령님 안에서 무시로 기도하기를 간구합니다(엡 6:18). 기도를 항상 힘쓰고 기도에 감사함으로 깨어 있기를 기도합니다(골 4:2). 이를 위해 파수꾼처럼 늘 깨어서 기도할 시간을 찾고 숨 쉬듯이 기도하기를 간구합니다.

하나님, 제가 주의가 산만하고 잡념이 너무나 많습니다. 사탄이 악한 생각의 새들을 끊임없이 날려 보냅니다. 그것들이 늘 제 영혼을 파고들고 제 악한 본성을 자극합니다. 성령님께서 저의 마음과 생각을 지켜주십시오. 모든 잡생각을 물리치고 오직 하나님께만 집중하게 해주세요. 그래서 저의 기도를 들으시는 하나님의 얼굴만을 바라보며, 온 밤을 지새워 시간 가는 줄 모르고 기도하게 해주세요. 모두가 잠든 이른 새벽을 깨워 예수님의 십자가 보혈을 찬양하며 열정적으로 소리 높여 기도하게 해주세요. 생명을 바치고 제 몸과 영혼을 기도의 제물로 바치기 원합니다. 날마다 하루 24시간, 시간과 장소에 구애받지 않고 쉬지 않고 기도하며 기도에 잠긴 채 살아가기를 기도합니다. 기도만이 살 길입니다. 기도하지 않으면 죽는다는 것을 알고, 생명을 걸고 기도하도록 도와주세요.

당신께서 저의 기도를 들으시고 응답하신다는 믿음을 주시기를 간구합니다. 그래서 기도한 것은 받은 줄로 믿도록 도와주십시오(막 11:24; 레 33:3; 요 15:7). 그리고 기도의 응답을 기다리며 응답되었는지를 늘 체크하고 확인하도록 도와주십시오.[20] 날마다 하루를 하나님과 교제하는 기도로 시작해서 기도로 마치기를 기도합니다. 가장 소중한 시간을 바쳐 기도하게 해주십시오. 무슨 일을 하든지 기도로 시작하고, 아무리 중요한 일도 먼저 기도하고 나서 시작하도록 도와주십시오. 또한 일을 마친 후에도 기도하고 일하는 도중에도 기도하게 해주십시오. 기도가 하루일과 중 가장 중요한 일이 되게 해주십시오. 그리고 일을 하는 중에도 늘 기도하는 마음을 잃지 않게 해주세요. 모든 일을 기도하며 하게 해주세요. 제 마음이 늘 기도에 주리고 목마르게 해주십시오. 기도가 제 마음과 제 삶을 지배하기 원합니다.

너무 바빠서 기도할 시간이 없다는 말을 하지 않게 해주십시오. 일이 많아서 기도할 수 없다는 말을 하지 않게 해주십시오. '나는 할 일이 너무 많기 때문에 하루에 2시간 이상 기도하지 않으면 그 일들을 다 처리할 수 없다'라고 한 루터

---

20 E. M. 바운즈, 『기도하지 않으면 죽는다』, 이용복 역(규장, 1993), 14-16.

의 말을 기억합니다. 제가 루터처럼, 할 일이 많을수록 더 많이 기도하게 해주십시오.

기도를 위해 사역도 멈출 수 있게 해주십시오. 제게 중요한 사역, 특히 설교 준비를 위해 기도를 뒤로 미룰 때가 많습니다. 저의 믿음 없음을 불쌍히 여겨주십시오. 모든 영적인 능력은 하나님에게서 오는 것을 알고, 설교 준비에 앞서 기도하게 해주세요. 매사에 먼저 기도하고 오로지 하나님을 붙들고 늘어지게 도와주십시오.

무엇을 기도하고자 하는지, 그 대상을 구체적으로 특정해서 명료하게 기도하길 원합니다. 중언부언하지 않도록 도와주세요. 또한 간절하고 끈질기고 강렬한 자세로 기도하는 종이 되기를 원합니다. 불타는 기도의 소원을 주셔서 정말 뜨겁게 기도하게 해주십시오.[21] 너무나 눈을 뜨고 싶었던 소경 바디메오처럼(마 10:46-52), 죽을병에 걸렸지만 이대로 죽고 싶지 않았던 히스기야처럼(왕상 20:1-11), 귀신 들린 어린 딸 때문에 애간장이 다 녹아 버린 수로보니게 여인처럼(막 7:24-30) 간절하게 기도하게 해주세요. 한 맺힌 과부처럼(눅 18:1-8) 끈질기게 기도하게 해주십시오. 하늘에서 불과 비를 내린 엘리야처럼 강렬하게 간구하게 해주십시오(왕상 36-38; 약 3:17-18). 그들처럼 마음에서부터 터져 나오는, 그래서 온 마

---

21 같은 책, 20.

음을 쏟아붓고 영혼을 불태우는 기도를 하게 해주십시오. 성령님, 제 영혼에 간절한 소원의 불을 붙여 주셔서 제가 늘 뜨거운 열망과 불타는 열정을 가지고 기도하게 해주십시오.

이를 위해 제가 기도하는 당신은 어떤 분이신지, 당신은 제가 무엇을 기도하기를 원하시는지, 현재 제 형편이 어떠한지, 저의 교회와 가족들과 제가 사랑해야 할 이웃들에게는 무엇이 필요한지를 끊임없이 생각하도록 도와주십시오. 당신은 세상을 소유하시고 주관하시는 분이십니다. 기도할 때 응답해 주시고 이를 통해 우리의 필요를 채워주시며 세상을 통치하시는 우리의 왕이십니다. 제가 기도로 이 하나님을 섬기기를 원합니다.

하나님 아버지, 제 영혼에 기도의 불을 붙여주십시오. 그리고 성령의 기름을 부어 주셔서 기도하고 싶은 소원이 활활 타오르게 해주십시오. 저에게 강렬한 영적 소원을 주십시오. 하나님을 뜨겁게 갈망하게 하시고, 제 영혼이 날마다 의에 주리고 목마르기를 기도합니다(마 5:6). 그래서 주린 영혼을 채우지 않고서는 견딜 수 없는 마음을 가지고 하늘의 보화를 간절히 사모하게 해주십시오. 하나님의 뜻을 간절히 바라게 해주십시오. 하나님의 뜻에 순종하고자 하는 열망으로 충만하게 해주십시오. '말로 다 표현할 수 없는 뜨거움으로 가득 차 하나님과의 교제의 장소로 달려가지 않고는 견딜 수 없는 소원'과 '기도하지 않고는 견딜 수 없는 중압감'을 주세요.[22] 그래서 날마다 하나님 앞에 나아가 목숨 걸고 하나님과 씨름하며 기도하길 원합니다(창 32:22-32).

7. 목숨을 다해

예수님은 백성들에게 마음을 다하고 목숨을 다하여 하나님을 사랑하라고 하셨습니다(마 22:37). 이것은 예수님께서 몸소 실천하신 말씀이자 예수님의 생애를 대변하는 말씀입니다. 예수님은 일생 마음을 다하고 목숨을 다해 하나님을 사랑하셨습니다. 죽기 전 십자가에서 보여주신 마지막 모습도 하나님께 대한 사랑으로 자기 목숨을 폭발시킨 것이었습니다. 예수님은 그렇게 목숨을 다해 하나님을 사랑하셨습니다.

이렇게 볼 때, 목숨을 다해 하나님을 사랑하라는 말은 하나님을 위해 살다가 하나님을 위해 죽으라는 말씀이 아닙니까? 저를 위해 당신의 외아들의 목숨을 내어주신 하나님께 저도 제 생명을 바칠 수 있다면 이보다 더 영광스러운 일이 어디에 있겠습니까? 당신은 예수님을 죽이심으로 저를 살리셨습니다. 그리고 지금까지 예수님을 배우며 열매 맺는 축복

---

22 같은 책, 21, 44.

을 누리게 하셨습니다. 더 나아가 영원한 하나님의 나라를 상속할 수 있게 해주셨습니다. 아버지 하나님, 제가 이 은혜를 알고 하나님을 위해 살다가 하나님을 위해 죽을 수 있게 해주십시오. 제 육체가 결코 병들어 죽거나 무의미한 사고로 사라지지 않게 해주십시오. 하나님을 뜨겁게 사랑하는 순교할 수 있게 해주십시오.

저는 20년 전 미국 미시간의 이스트 랜싱(East Lansing)이라는 도시와 그래드 래피즈(Grand Rapids) 사이의 고속도로에서 교통사고를 당했습니다. 시속 70마일, 약 110km로 2차선을 달리다가 순간적으로 졸았습니다. 졸다가 잠에서 깼을 때는 앞에서 달리던 차가 바로 눈앞에 있었습니다. 저는 부딪힐까봐 급하게 핸들을 돌리다가 1차선을 침범했습니다. 그때 뒤에서 달려오는 차가 있었다면 저는 앞 차와의 사이에 끼여서 그대로 죽었을 것입니다.

1차선을 침범한 후 저는 서로 다른 방향의 두 고속도로 사이에 있는 골짜기로 차를 틀게 되었습니다. 순간 '내 인생이 이렇게 끝나는구나!'라는 생각이 들었습니다. 브레이크를 밟은 것 같았는데, 마치 엑셀을 밟은 것 같은 느낌이 들었습니다. 차는 멈추지 않고 골짜기로 미끄러지면서 내달렸습니다. 약 30~50미터 정도 추락하다가 골짜기 아래쪽에 솟아 있던 큰 나무에 정면으로 부딪혔습니다.

순간 누군가가 주먹으로 제 얼굴을 한방 크게 때리는 것 같았습니다. 잠시 후 정신을 차리고 보니 차에 기름이 새는 냄새가 났습니다. 저는 예전에 본 영화에서 이런 경우 차가 폭발하던 장면이 생각이 났습니다. 그래서 한쪽 발은 신발도 신지 않은 채로 차 문을 열고 나와서 골짜기 위의 고속도로로 힘을 다해 올라갔습니다. 시간이 지나도 차는 폭발하지는 않았지만, 자세히 보니 차가 완전히 망가졌습니다. 차 조수석 앞 쪽이 나무와 부딪혀 그쪽 자체가 뒤로 완전히 밀려났는데, 만약 운전수 앞쪽이 나무와 부딪혔다면 저는 즉사했을 것입니다. 소식을 듣고 달려온 제 기숙사 룸메이트 듀에인(Duane)은 크게 찌그러져 폐차를 할 수밖에 없게 된 차를 보고 놀라며 말했습니다. 'Tomorrow is another day'

저는 그날 정말 그렇게 아내를 홀로 두고 이 세상을 떠날 뻔했습니다. 그런데 그날 당신은 왜 저를 살려주셨을까요? 생각해 보면, 저는 초등학교 4학년 때도 자전거를 타고 도로를 건너다가 달려오는 오토바이에 부딪혀 교통사고를 당한 적이 있었습니다. 오토바이와 충돌 후 튕겨나가서 약 10m 정도 아스팔트를 굴렀습니다. 머리가 찢어지고 허리에 살점이 떨어져 나갔습니다. 그때도 죽을 수 있었습니다. 그 이후 낙동강에서 수영하다가 물에 빠져 죽을 뻔한 적도 있었습니다. 당신은 크게 세 번이나 저를 죽을 위기에서 구원해 주셨습니다. 하나님, 왜 저를 세 번이나 살려주셨습니까?

그 이후 제 인생에서 일어난 일들, 특히 서울대 캠퍼스에서 예수님을 만나고 영혼 구원 역사에 쓰임 받은 것을 생각하면, 그것에 하나님의 뜻이지 않았나 하는 생각을 조심스럽게 해 봅니다. 미시간 그랜드 래피즈에서 살아난 후 그 다음해 저는 교통사고로 인한 아들의 죽음을 경험했습니다. 그랜드 래피즈에서 제가 죽었다면, 아내는 남편에 이어서 아들까지 잃는 아픔을 겪었을 것입니다. 아내가 그런 이중의 아픔까지는 겪지 않게 해주셔서 감사합니다.

이후 텍사스 Fort Worth에서 박사과정을 하면서 차로 3시간 거리인 텍사스 A & M 대학교에서 캠퍼스 선교를 하게 되었습니다. 당시 과거 저에게 성경을 배우던 홍제임스 선교사님이 그 시기에 박사과정 유학생 선교사로 오게 되어 그와 그의 아내와 함께 동역했습니다. 저희는 매주 캠퍼스에 나가서 전도를 하고 성경을 가르치며 복음을 전했습니다. 주일에는 그 유학생 집에서 예배를 드리고 이후 즐거운 식사교제도 나누었습니다. 정말 행복하고 감사한 시간이었습니다. 이후 저는 한국에 돌아와 서울대학교 캠퍼스 선교 사역에 동참했습니다.

제가 20년 전에 죽었다면 저는 그때 사라졌을 인생입니다. 그 이후 20년은 없는 것입니다. 그러므로 지난 20년은

덤으로 산 인생입니다. 앞으로 남은 인생도 마찬가지입니다. 하나님, 덤으로 사는 인생, 이미 진작 사라졌을 수도 있는 인생을 제가 살고 있습니다. 제가 덤으로 사는 인생에 어떠한 욕심도 갖기 않게 해주십시오. 당신이 살려주신 생명, 하나님을 위해 바칠 수 있게 해주십시오.

아버지, 제 힘으로 제가 어떻게 순교할 수 있겠습니까? 순교를 생각하면 무섭습니다. 두렵습니다. 저는 정말 겁쟁이입니다. 한없이 나약한 자입니다. 조그마한 시련과 아픔과 사탄의 약한 공격에도 힘을 잃고 쓰러지는 자입니다. 작은 고난도 무서워하고 사람들의 말 한마디에도 두려워 떨며 낙심하는 자입니다.

그러나 돌을 가지고도 아브라함의 자손을 만들 수 있으신 당신께서(마 3:9) 은혜를 주시면, 저 같은 자도 어떠한 핍박과 능욕도 기쁨으로 감당하며(행 5:41) 순교할 수 있다고 믿습니다. 제가 독생자를 주신 하나님의 사랑과 십자가에서 저를 위해 그 몸을 쪼개신 예수님의 사랑에 푹 잠겨 하나님을 사랑한다면, 이 한 목숨 기꺼이 바칠 수 있다고 믿습니다.

스데반이 생각납니다. 그가 그렇게 순교하지 않았습니까? 아버지 하나님, 제가 스데반을 배우게 해주십시오. 스데반처럼 살다가 스데반처럼 순교할 수 있는 은혜와 믿음을 주십시오. 스데반은 예수님을 믿고 난 후 가난한 과부들의 식사를 챙겨주며 푹 잠겨 돌보았습니다(행 6:1-6). 병들고 귀신들린 사람을 고쳐주었습니다(행 6:8). 틈나는 대로 교포교회에도 찾아가 예수님이 부활을 전했습니다(행 6:9, 14). 그의 삶은 예수님의 삶을 그대로 닮았습니다.

예수님을 십자가에 못 박아 죽인 유대인들은 스데반도 잡아 산헤드린 공회로 끌고 갔습니다(행 6:11-12). 그곳에 모인 사람들은 스데반을 죽이기로 작정하고 재판을 진행했습니다. 죽음의 그림자가 시시각각 다가올 때 스데반은 그곳을 빠져나가 살 궁리를 하지 않았습니다. 그랬다면 아마 그는 후일을 도모하자며 타협했을 것입니다. 그는 죽음의 위협 앞에서도 자신의 안위를 돌보지 않았습니다. 오히려 자신을 핍박하는 무리들에게 예수 그리스도를 전했습니다. 그들이 회개하고 이 예수님을 믿도록 혼신의 힘을 다해 설교했습니다. 그의 설교는 그리스도로 충만했습니다.

그러나 공회에 모인 유대인들은 스데반에게 분노했고 이를 갈며 죽이고자 했습니다. 이때 스데반은 그들을 바라보지 않았습니다. 눈을 돌려 하늘을 우러러 하나님 우편에 서 계신 예수님을 주목하여 보았습니다(행 7:55). 그리고 살기어린 눈빛으로 자기를 바라보는 유대인들을 향해 자신을 보지 말고, 열린 하늘 속 하나님 우편에 서 계신 인자, 곧 이 땅에 우리를 구하려 성육신 하셨지만 이제는 창세 전의 하나님의 영광을 회복하신 예수님을 보고 믿으라고 소리쳤습니다 (행 7:56). 그러나 그들은 귀를 막고 일제히 달려들어 스데반을 돌로 쳤습니다.

스데반은 돌에 맞아 온몸이 멍들고 머리가 깨지고 피투성이가 되어 죽어갔습니다. 그러나 그는 이렇게 죽어가면서도 그들의 악행에 같은 방식으로 대항하지 않았습니다. 자신의 영혼을 예수님께 맡기며 기도했습니다(행 7:59). 그리고 무릎을 꿇고 "주여 이 죄를 그들에게 돌리지 마옵소서"라는 용서의 기도를 드렸습니다(행 7:60). 그의 기도는 십자가에서 예수님이 드린 기도와 똑같았습니다. 그는 죽음의 순간, 자신이 아닌 오직 예수 그리스도만이 살았습니다(갈 2:20). 다시 말해 예수 그리스도와 완전히 하나 된 사람이 되었습니다.

이렇게 그는 마지막 순간까지 영적 전사의 자세를 잃지 않고, 믿음의 선한 싸움을 싸웠습니다. 그래서 악을 악으로 갚지 않고 선으로 악을 이겼습니다. 그는 이렇게 승리자의 모습으로 불꽃같은 생애를 마감했습니다. 스데반은 진실로 예수님을 너무나도 사모하고 뜨겁게 사랑한 사람이었습니다! 그는 그리스도를 배우며 살다가 그리스도처럼 순교한 사람입니다. 그의 생애는 그리스도로 충만했습니다. 그의 죽음마저도 예수 그리스도로 가득했습니다. 사랑이 많으신 예수님께서 어떻게 이런 스데반을 사랑하지 않을 수 있겠습니까? 어찌 이토록 사랑스러운 스데반을 앉아서 맞이할 수 있겠습니까? 예수님은 일어서서 하늘 문을 열고 버선발로 달려 나와서 그를 뜨겁게 맞아주셨을 것입니다(행 7:56).

천지를 창조하시고, 십자가에서 저를 위해 생명까지 내어주신 성자 하나님께서 나를 맞이하려고 자리에서 일어나 문까지 열어주신다면, 세상에 이보다 더 영광스러운 일이 어디에 있겠습니까? 스데반은 이 땅에서 정말 성공적인 삶을 산 것입니다. 우리가 이 땅에서 정말 잘 살았는가, 못 살았는가는 이 세상을 떠나 예수님께로 갈 때, 예수님께서 우리를 어떻게 맞아주시는가에 달려 있습니다. 예수님께서 문을 열어주시지 않고 외면하시면 한 번뿐인 귀중한 인생을 헛되게 산 것입니다.

스데반의 순교는 자신의 스승 가말리엘과 그의 제자들을 회심시켰습니다. 스데반이 순교할 때 드린 용서의 기도는 그의 친구 사울의 완악한 심령을 뚫었습니다. 이후 사울은 스데반이 순교한지 얼마 안 되어 예수님을 믿고 스데반을 죽인 죄를 가슴을 치며 회개합니다(행 9:9). 이때 예수님은 그의 모든 죄를 용서해 주셨는데, 그 순간 사울은 예수님께서 스데반의 '주여 이 죄를 그들에게 돌리지 마옵소서'라고 간구한 기도가 응답된 것을 알았습니다. 이후 그는 스데반이 못다 한 삶까지 살고자 그와 같은 사랑의 목자요 열정적인 복음 전파자의 삶을 살아갔습니다. 그의 사역을 통해 로마제국 전역에 복음이 전파되었습니다. 그는 바울이라는 헬라어 이름도 있었습니다.

바울은 구속사에서 길이 빛나는 최고의 역작인 로마서를 썼는데, 저는 그 책에 스데반의 설교가 녹아있는 것을 봅니다. 바울은 로마서 외에도 12권을 더 집필하여 그가 쓴 성경을 통해 2천 년이 지난 지금까지도 많은 사람들이 구원을 얻고 있습니다.

바울은 스데반처럼 순교했습니다. 죽음의 순간, 그도 스데반이 순교했을 때 본, 하나님 우편에 서신 예수님을 보았을 것입니다(행 7:56). 예수님은 하나님 우편에 서서 하늘 문을 열고 스데반을 맞이하듯 그를 맞이하여 주셨을 것입니다. 동시에 하늘에서 예수님을 뒤따라 달려온 스데반도 바울을 뜨거운 사랑으로 맞아주었을 것입니다. 둘은 예수님이 보는 앞에서 서로를 부둥켜안고 한참을 울었을 것입니다. 둘은 예수님으로 인해 주안에서 진정한 절친(best friend)이 되었을 것입니다.

스데반은 짧은 인생을 살았지만, 너무나 많은 일을 하고 갔습니다. 많은 사람들이 이 땅에 오래 살고 싶어 합니다. 늙고 병들어가는 육체로라도 하루라도 더 사는 것을 복이라고 생각합니다. 그러나 잘 산다는 것이 무엇입니까? 짧게 살아도 큰 영향력을 남기는 인생! 짧게 살아 살아생전엔 눈에 보이는 열매가 없지만, 죽은 이후 저 하늘에서 보니, 큰 나무가 되어 많은 열매를 수천 년에 걸쳐 끊임없이 수확하는 삶, 스데반은 그런 삶을 산 것입니다.

이 모든 것은 그가 성령충만했기 때문입니다. 그렇게 성령 충만한 가운데 늘 하늘을 우러러 하나님 우편에 서신, 즉 하나님과 동등한 자리에 서 계신 예수 그리스도를 바라보았기 때문입니다(행 7:55-56, "스데반이 성령 충만하여 하늘을 주목하여 하나님의 영광과 및 예수께서 하나님 우편에 서신 것을 보고 말하되 보라 하늘이 열리고 인자가 하나님 우편에 서신 것을 보노라 한 대").

아버지 하나님, 저도 스데반처럼 성령충만하길 원합니다. 예수님은 승천하시기 전에 성령이 오시면, 너희를 모든 진리 가운데로 인도할 것이라고 했습니다(요 16:13-14). 진리는 예수님입니다(요 14:6). 예수님은 이 성령에 대해 예수님의 것을 가지고 예수님의 영광을 나타낼 것이라고 했습니다. 성령은 우리를 길이요 진리이신 예수님께로 인도하여 예수님의 영광을 보게 합니다. 그래서 예수 그리스도로 충만하게 합니다. 우리가 회개하며 기도할 때, 우리의 육체가 호흡할 때 산소를 빨아들이듯 성령을 충만히 덧입을 수 있습니다. 그리고 말씀에 순종할 때, 성령의 권능이 나타나고 성령께서 나를 그리스도께로 힘 있게 이끌어 가는 것을 체험할 수 있습니다.

아버지 하나님, 저로 하여금 성령으로 충만하게 하여 주십시오. 그래서 하나님 우편에 서신 예수 그리스도를 바라보면서 스데반처럼 살다가 스데반처럼 순교할 수 있게 해주십시오. 그래서 그와 같이 예수님께서 하나님 우편에 서서 하늘 문을 열고 제 영혼을 받는 영광을 얻게 하여 주십시오.

주기철 목사님의 옥중 기도문에는 이런 글이 있습니다. '소나무는 죽기 전에 찍어야 푸른 것이고, 백합화는 시들기 전에 떨어져야 향기롭습니다. 이 몸도 시들기 전에 주님 제단에 드려지길 바랍니다. 어떤 이는 나에게 왜 괜한 일로 목숨을 거느냐고 말합니다. 또 다른 이는 가족 생각은 않고 자기 의지만 주장한다고 말합니다. 또한 친구는 이제 적절히 타협하고 먼 훗날을 기약해서 한걸음 물러서자고 합니다. 나 어찌 죽음이 무섭다고 주님을 모른 체하겠습니까?' 아버지 하나님, 죽기 전, 시들기 전 푸른 생명을 바친 주기철 목사님의 불타는 순교신앙을 배울 수 있게 해주십시오. 죽음이 무섭다고 주님을 부인하지 않게 해주십시오.[23]

자식을 죽인 자도 용서하고 마지막까지 양들을 돌보며 순교하신 손양원 목사님을 배우게 해주십시오. 문준경 전도사님은 자신의 안위를 위해 위험에 처한 양들을 내버려 두지 않았습니다. 지금 들어가면 죽는다고 그렇게 말리는데도 양

---

23   주광조, 『나의 아버지 순교자 주기철 목사』 (JCR, 2018), 54.

들이 죽어가는 불구덩이 같은 섬에 들어갔습니다. 결국 양들을 살리고 자기 목숨을 버렸습니다. 죽창에 찔리고 총탄에 죽어갔습니다. 하나님, 제가 이 문준경 전도사님을 배울 수 있게 해주십시오. 죽음을 무서워하여 제 목숨 하나 살리고자 도망가거나 양들을 외면하지 않게 해주십시오. 양들을 살리기 위해 문준경 전도사님처럼 제 목숨을 기꺼이 버리는 선한 목자가 되게 해주십시오.

무엇보다 저를 위해 십자가를 지시고, 그 십자가에서 저를 위해 기도해 주신 예수님을 생각하며, 그 예수님을 배우고 이 땅을 떠나게 해주십시오. 예수님께서 저를 위해 그 귀하신 생명을 내어주신 것처럼 제 생명도 주 예수님께 바칠 수 있기를 기도합니다.

이러한 마지막을 위해서는 믿음이 필요합니다. 순교 신앙이 필요합니다. 그런데 믿음은 한꺼번에 다 자라는 것이 아니라고 생각합니다. 날마다 성장해야 한다고 생각합니다. 아버지, 저의 믿음이 날마다 성장하여 순교신앙을 가질 수 있는 수준까지 성장하게 도와주십시오. 이를 위해 제가 날마다 죽게 해주십시오. 그래서 순교를 갈망하며, 순교의 날을 준비하게 해주십시오. 아버지께 저의 최고의 선물을 드리게 해주세요. 제 모든 것을 당신께 산 제물로 바칠 수 있도록 저를 도와주십시오.

하나님 아버지, 제가 부활 신앙 위에 굳게 서게 해주세요. 날마다 다시 오실 예수님만을 소망하고 그날이 오기를 고대하며 살게 도와주십시오. 그날 예수님은 호령과 천사장의 소리와 하나님의 나팔 소리로 친히 하늘로부터 강림하실 것을 믿습니다(살전 4:14-16). 그날 저와 예수님을 믿는 우리 신자들은 썩지 않는 강하고 영광스러운 몸으로 부활하여(고전 15:42-44) 예수님과 함께 새 하늘과 새 땅에 들어가 열 고을을 다스리며 영원토록 우주적인 왕의 삶을 살 것을 믿습니다(눅 19:17; 계 22:5).

제가 이것을 굳게 믿고, 제 심장이 멈추는 순간까지 죽음을 두려워하지 않고 오직 주의 일에 더욱 힘쓰도록 도와주세요(고전 15:58). 특히 당신께서 가장 귀하게 여기는 영혼 구원 사역에 죽도록 충성하여 생명의 면류관을 받기를 기도합니다(계 2:10). 많은 사람을 옳은 데로 돌아오게 하여 별과 같이 영원토록 빛나게 되기를 기도합니다(단 12:3). '잘하였다 착한 종이여 네가 지극히 작은 것에 충성하였으니 열 고을 권세를 차지하라'는 말씀을 듣기를 기도합니다(눅 19:17). 이 땅의 기도하는 모든 성도들과 주님의 피로 산 교회들에게 성령을 부어 주셔서 모두가 꿈을 꾸고 환상을 보며 예언을 하게 하여 주십시오(행 2:17). 그래서 모두가 만국 복음 전파에 귀하게 쓰임 받기를 기도합니다.

특별히 세계 곳곳에 퍼져 있는 우리 UBF 교회 형제, 자매들이 한 마음, 한 뜻으로 동역하여 2041년까지 10만 선교사를 양성하여 전 세계 캠퍼스에 파송하기를 기도합니다. 그래서 하늘에서 하나님의 뜻이 이루어지는 것처럼, 그렇게 거침없이 세상 만민을 구원하고자 하시는 하나님의 뜻이 이 땅에서도 이루어지기를 기도합니다.

예수님은 십자가 죽음을 앞두고 자신이 원하는 것을 구하지 않으셨습니다. 자신은 어떻게 되든지 상관하지 않으셨습니다. 그래서 십자가 죽음도 받아들이신 것입니다. 자신의 소원을 부인하고 하나님 아버지의 뜻에 순종하게 해 달라고 얼굴을 땅에 대시고 엎드려 눈물로 십자가 죽음의 잔을 마실 수 있는 힘을 달라고 간구하셨습니다(마 26:39).

순교는 기도로써 준비하는 것임을 믿습니다. 기도가 충분히 쌓이면 순교할 수 있다고 믿습니다. 늘 기도로 이 날을 준비해 오신 예수님은 순교의 죽음을 앞둔 마지막 순간에도 간절히 기도하셨습니다. 기도로 마침내 하나님의 뜻대로 그 끔찍한 죽음의 잔을 능히 마시셨습니다.

아버지, 제가 예수님처럼 날마다 기도하게 해주세요. 다니엘처럼 하루 세 번 기도하게 해주세요(단 6:10). 그리고 기도의 내용도 겟세마네 동산의 예수님처럼, 저는 어떻게 되든지 저를 돌보지 않고 오직 하나님의 뜻이 이루어지기만을 빌게 하여 주십시오. 오로지 하나님의 뜻을 성취하는 사명을 감당할 힘을 달라고 간구하고, 그 사명의 십자가를 능히 지기를 기도합니다.

순교의 축복은 당신께서 가장 사랑하시는 자에게 주시는 은혜라 들었습니다. 아버지, 제가 그 축복을 받을 수 있기를 감히 간구합니다. 제가 그 축복을 받을 수 있는 자로 성장하도록 저를 연단하시고 빚어주십시오. 그래서 아버지 하나님의 뜻이 이 땅에서 저를 통해서도 하늘에서처럼 이루어지기를 기도합니다.

1. 하늘에서와 같이 땅에서도

....

....

....

....

2. Suffering is a Window

....

....

....

....

3. 아픈 이들을 위한 기도

....

....

....

....

4. 아내를 위한 기도

....

....

....

....

5. '플레레스' 사랑(Overflowing Love)

6. 기도의 소원, 불타는 열정

7. 목숨을 다해

5부

우리에게 필요한 것들

The Lord's Prayer

지금까지 하늘에 계신 우리 아버지의 이름을 거룩하게 하고, 하나님의 나라가 임하고, 아버지의 뜻이 이 땅에서도 이루어지도록 기도했습니다. 그런데 기도한 것들이 이 땅에서 이루어지기 위해서는 우리가 기도한 대로 살아야 합니다.

기도한 대로 살기 위해서는 우리에게 필요한 것들이 있습니다. 우리에게 일용할 양식이 필요하고 죄 사함이 필요합니다. 우리를 넘어지게 하는 시험과 악에서 하나님의 보호하심과 구원이 필요합니다. '나'라는 존재는 이제 내려놓고 오로지 아버지 하나님과 아버지의 나라만을 바라고 찬양하는 마음이 필요합니다. 아버지, 당신의 뜻을 이루기 위해 필요한 이 모든 것들을 주시기를 기도합니다.

1. 일용할 양식

아버지, 지금까지 저의 인생을 인도해 주시고 축복해 주신 것을 감사드립니다. 지금까지 지내온 것이 다 하나님의 은혜입니다. 제가 지금 누리고 있는 모든 것이 다 하나님의 한량없는 은혜입니다. 수없이 많은 지난날들, 하루도 빠짐없이 날마다 일용할 양식을 내려 주신 것을 감사합니다.

당신께서는 일용할 양식이 아니라, 한 달이나 1년 치, 아니 한꺼번에 평생을 쓸 수 있는, 즉 평생 일용할 양식도 주실 수 있습니다. 하나님 편에서도 날마다 주는 것보다 한꺼번에 다 주면 수고를 덜 수 있습니다. 그러나 한꺼번에 다 받게 되면, 우리 인간은 그 많은 재물을 감당할 수가 없습니다. 재물이 가득하니 그의 마음과 삶에 천국이 들어갈 공간이 없습니다. 또한 세상에 많은 재물을 쌓아두다 보면, 세상에서 천년만년 살 것처럼 생각하면서 우리의 목적지가 저 천성임을 잊게 됩니다(눅 12:19). 재물에 대한 탐심에 빠져 천국에 들어가는 일이 낙타가 바늘구멍으로 들어가는 것보다 어려운 일이 될 수도 있습니다(눅 18:25).

그럼에도 오늘날 얼마나 많은 사람들이 노후에 먹을 양식, 노후대책까지 구하고 있습니까? 그러다 탐심에 빠져 얼마나 많은 이들이 실족하고 있는지요? 하나님, 이들을 불쌍히 여겨주십시오. 이들이 하루치 양식, 일용할 양식을 구하며 살아가게 해주십시오.

하루치 양식, 일용할 양식을 구하면서 살면, 우리는 날마다 하나님께 나아가게 됩니다. 날마다 하나님을 바라보고 날마다 하나님을 의지하게 됩니다. 단 하루도 천국을 잃지 않게 됩니다. 그러므로 하나님, 제가 한꺼번에 구하지 않고 날마다 하나님께 나아가 날마다 하루치 양식, 일용할 양식만을 구하게 해주세요.

아버지, 제가 하나님께 영광 돌리는 삶을 살기 위해서는 오늘도 먹을 음식이 필요합니다. 물이 필요합니다. 환경 재앙으로 음식과 물이 많이 오염되고 있는데, 이 재앙으로부터 우리를 지켜주시고, 우리 또한 더욱 환경을 소중히 여기고 이를 보호할 수 있도록 인도해 주시길 원합니다. 그리고 하나님의 나라를 위해 살아가려면 육신의 건강이 필요합니다. 날마다 한 시간 이상 달리며 운동하게 해주세요. 질병과 사고로부터 안전하게 지켜주십시오.

성령의 충만함을 주셔서 영의 양식인 예수님의 살과 피를 먹고 마시게 해주세요(요 6:51-56). 생명의 꼴인 하나님의 말씀을 날마다 주야로 깊이 묵상하며 먹게 해주십시오. 그래서 위로부터 오는 지혜인 성결과 화평과 관용과 양순(良順)과 긍휼과 선함과 편견 없고 거짓 없는 마음을 갖게 해주세요(약 3:17). 무엇보다 항상 기뻐할 수 있는, 예수 그리스도로 인한 본질적이면서도 영원히 지속되는 기쁨을 날마다 더하여 주십시오. 영생하도록 솟아나는 기쁨의 샘물이 제 영혼에서 날마다 춤추게 해주십시오. 제 안에 감사의 마음이 또한 가득하기를 기도합니다. 이 모든 육과 영의 양식으로 충전하여 오늘 하루도 하나님을 영화롭게 하는데 이 모든 에너지를 사용하기를 기도합니다.

저에게뿐만 아니라 저의 교회 성도들에게도 오늘 하루를 살아가는데 필요한 일용할 양식을 주시기를 기도합니다. ○○○가 학업에서 승리하도록 도와주십시오. ○○○에게 물질을 주시기를 기도합니다. ○○○가 직장을 얻을 수 있도록 도와주시기를 기도합니다. ○○○가 직장에서 여러 어려움이 있습니다. 잘 극복하고 승리하게 도와주십시오. 이들이 당신께서 베푸시는 모든 은혜와 도움을 오로지 하나님을 영화롭게 하는 데 사용하기를 기도합니다.

하늘 창고에는 우리에게 필요한 것들이 넉넉합니다. 이 땅의 사람들이 너무나 찾지 않아서 먼지로 뒤덮인 채 보관 중인 것들이 산더미처럼 쌓여있다고 합니다. 당신께서는 날마다 끊임없이 하루치 필요한 것들을 준비해 놓고 우리를 기다리십니다. 하나님, 제가 오늘도 하나님께 나아갑니다. 오늘 하루 제가 하나님의 뜻을 수행하는데 필요한 모든 것들을 공급하여 주십시오. 하나님의 나라를 건설하는데 필요한 것들을 전폭적으로 지원해 주시길 간구합니다.

함께 복음 역사를 섬기는 저의 소중한 복음 동역자도 기억해 주십시오. 이 분들이 얼마나 헌신적인 종들인지 모릅니다. 자신의 시간과 물질과 심지어 자녀들과 가족들까지 전폭적으로 드려가며 주의 양들을 돌보고 있습니다. 어떤 분은 몸이 안 좋은 중에서 주야로 주의 몸 된 교회를 돌봅니다. 다비다와 같은 사랑을 실천하며 복음 전파에 혼신의 힘을 다하고 있습니다. 하나님의 기쁘시게 하는 일이라면 자신의 몸을 전혀 돌보지 않습니다. 그분은 늘 하나님을 향한 일편단심의 사랑과 열정으로 가득합니다. 늘 저를 깨어 있게 하고 제게 큰 힘과 위로를 줍니다. 이 분의 믿음과 헌신을 축복해 주십시오. 이분의 병을 고쳐 주십시오. 날마다 강건함과 성령충만함을 주십시오. 하늘의 지혜를 오늘도 내려주시고, 날마다 필요한 물질을 공급해 주십시오.

또 어떤 분은 기가 막힌 어려움 가운데서도 항상 먼저 그의 나라와 그의 의를 구합니다. 가족들을 위한 이 분의 기도를 응답하여 주십시오. 날마다 고난과 마음의 어려움을 이겨낼 믿음과 지혜를 주십시오. 어려운 조건 속에서도 여러 귀한 은사를 드려 헌신하는 또 다른 종들이 있습니다. 그들은 자신의 전부를 드려 최고의 것을 하나님께 드리며 헌신하고 있습니다. 자녀들을 맡겨가며 헌신하는 종들을 기억해 주십시오. 바쁜 직장 일을 하면서 먼저 그의 나라와 의를 구하고자 캠퍼스를 부지런히 오르내리며 복음을 전하는 종들을 기억하여 주십시오. 이분들은 캠퍼스에서 처음 만난 청년들을, 심지어 외국인까지 자신의 친가족처럼 돌보며 사랑해 주고, 복음을 심고 있습니다. 어떤 분들은 세상에서 높은 자리를 가지고 있음에도 너무나 겸손합니다. 주님을 사랑하고, 그래서 주의 교회를 돌보는 일에는 물불을 가리지 않습니다. 이분들이 이 부족한 자까지 얼마나 챙겨주는지요. 이분들의 믿음과 헌신을 축복하시고, 이분들과 이분들의 가정에 필요한 것들을 공급하여 주십시오.

사랑하는 배우자를 잃은 아픔 속에서도 헌신하는 주의 종들을 기억하여 주십시오. 예수님께서 친히 남편이 되어 주시고, 그의 자녀들을 책임져 주십시오. 그들에게 필요한 모든 것들을 날마다 공급하여 주십시오. 아직 믿음이 어리지만 자라나고 있는 당신의 종들에게 자기를 부인하고 세상을 이길 힘을 주십시오. 자신을 우상숭배하지 않고, 동방박사들처럼 오직 예수님 한 분을 경배하는 빛나는 신앙을 갖게 하여 주십시오. 먼저 그의 나라와 의를 구할 때, 모든 것을 주시는 하나님께 굳게 믿도록 도와주십시오. 저에게 생명같이 귀한 동역자들을 붙여주셔서 감사합니다. 제가 이분들을 저의 생명처럼 사랑하고 존경하고 아끼게 해주십시오. 이 분들을 위해서라면 제 몸과 생명을 조금도 아끼지 않게 해주십시오.

2. 용서

예수님께서는 하늘에서 이미 저를 용서하셨습니다. 그래서 저의 죄를 없애주시고자 이 땅에 오신 것입니다. 이 땅에 오신 예수님은 저의 죄를 십자가에서 담당하셨습니다. 그리고는 하나님 아버지께 저를 용서해 달라고 기도하셨습니다(눅 23:34). 예수님 감사합니다. 저도 예수님처럼 저에게 상처를 준 다른 사람들을 용서하게 해주세요.

그런데 사실 저는 용서할 자격이 없습니다. 제가 상처를 받았으나 저 또한 다른 사람들에게 상처를 준 적이 많습니다. 제가 피해자 같지만 사실 가해자로 살아올 때가 더 많았습니다. 이런 제가 누구를 용서할 수 있겠습니까? 저는 다른 사람을 용서할 자격이 없습니다. 누군가의 죄를 대속해 본 적도 없는 제가 누구를 용서하겠습니까? 다만, 예수님의 용서를 받은 자로서, 다른 사람을 용서하고 사랑하기를 바라는 당신의 뜻에 조금이나마 순종하기를 바랍니다. 당신의 용서의 사랑을 힘입어 저도 저에게 상처를 준 ○○○를 용서하게 도와주십시오. 성령님을 의지하여 ○○○를 예수님의 사랑으로 용서합니다. 그가 회개하고 예수님의 십자가 용서의 사랑을 누리기를 기도합니다. 그리고 예수님과 동행하며 하늘의 많은 복을 받으며 살기를 기도합니다.

예수님, 제가 다른 사람의 죄를 용서한 것같이 저의 죄를 용서하여 주십시오. 제가 어제도 마음을 다해 하나님을 사랑하지 못했습니다. 어제 하루도 저의 이웃을 제 몸과 같이 사랑하지 못했습니다. 자기만을 사랑하는 이기적인 자였습니다. 조급하고 좁은 속으로 다른 사람의 연약함과 아픔을 품지 못하고 외면하고 심지어 비판하는 악을 범했습니다. 그래서 하나님과 주변 사람들에게 얼마나 많은 상처와 실망을 안겼는지 모르겠습니다. 저의 죄를 용서하여 주십시오.

3. 우리를 넘어지게 하는 시험과 악

제가 탐욕과 정욕에 잘 넘어집니다. 생각과 말로 많은 죄를 짓습니다. 애통해하며 회개하오니 용서해 주세요. 음란하고 악한 생각을 하지 않도록 저의 생각을 다스려 주십시오. 좀 더 적극적으로 죄와 맞서 싸우기를 기도합니다. 더럽고 악한 말은 입 밖에도 내지 않도록 입술을 제어하게 도와주세요(엡

4:29). 예수님께서 십자가에서 저의 모든 죄를 담당하셨음을 믿습니다. 십자가에서 흘린 피로 저의 죄를 씻어 주십시오.

아버지! 제가 믿음이 약하여 유혹에 잘 넘어집니다. 제가 사탄의 유혹에 넘어지지 않기를 기도합니다. 사탄이 저를 교만하게 하고 세상의 인정을 구하며 자기 영광을 구하게 합니다. 저의 내면에 있는 죄성을 자꾸 부추기며 끊임없이 악한 생각의 새들을 날려 보냅니다. 이 새들을 쫓아내고 악의 세력을 물리칠 수 있게 도와주세요.

하나님 아버지, 당신을 의지하오니 저를 이 악에서 건져주세요. 다시는 시험에 들지 않고 이런 악의 수렁에 빠지지 않도록 도와주세요. 예수님의 십자가 죽으심과 부활의 생명 안에 제 영혼을 고정시키고 완전히 연합하여 살아가도록 도와주십시오. 그래서 세상의 악에 제 영혼이 물들지 않도록 지켜주세요.

보혜사 성령을 보내주셔서 연약한 저를 도와주심을 감사드립니다. 제가 늘 이 성령을 의지하고 성령의 인도함을 받기를 기도합니다. 날마다 성령의 임재를 느끼며 성령 하나님과 교제하고 하나가 되어 모든 일을 성령님과 동업하기를 기도합니다(고후 13:13). 그래서 모든 진리 가운데로 인도함을 받아서 진리의 왕이신 예수님을 만나기를 기도합니다(요 14:16-17; 16:13). 그 예수님만을 따라가기를 원합니다.

4. 나의 소망, 나의 찬양

AD 64년 로마의 네로 황제는 기독교를 대대적으로 핍박하였습니다. 이때 초대교회 성도들은 죽음을 목전에 두게 되었습니다. 베드로도 순교를 앞두고 있었습니다. 이때 베드로는 흩어진 성도들에게 편지를 보내 하나님을 찬송하였습니다(벧전 1:3). '우리 주 예수 그리스도의 아버지 하나님을 찬송하리로다!'

베드로는 죽음을 앞둔 상황에서 어떻게 이런 찬송을 할 수 있었을까요? 이는 그에게 부활 신앙이 있었기 때문입니다. 베드로는 "그의 많으신 긍휼대로 예수 그리스도를 죽은 자 가운데서 부활하게 하심으로 말미암아 우리를 거듭나게 하사 산 소망이 있게 하시며"(벧전 1:3)라고 말했습니다. 우리는 부활하신 예수님을 믿을 때 참 소망을 가질 수 있습니다. 이 세상에서 가장 비참한 것은 돈을 잃고 경제적으로 망하는 것이 아닙니다. 세상 사람들에게 손가락질을 당하며 버려지는 것도 아닙니다. 소망을 잃는 것입니다. 희망이 없으면 다 포기하게 되고 모든 것이 끝나는 것입니다. 그런데 예수님의 부활은 소망을 줍니다. 베드로는 그 소망을 '산 소망'이라고 부릅니다. '산 소망'이란 소망이 지금 살아 꿈틀대고 있다는 말입니다. 살아서 꿈틀대고 있기 때문에 우리를 힘차게 달리게 하고 하늘 높이 비상하게 합니다.

'산 소망'에서 소망은 헬라어로 '엘피다'라고 해서 '깊은 확신에 기초한 희망'을 뜻합니다. 그래서 이 '산 소망'을 가진 사람은 사방이 막히고 숨도 쉬기 어려운 상황 속에서 어떤 일을 당하여도 낙심하지 않습니다. 소망하는 바를 확신하면서 그것을 이루기 위해 최선을 다하고, 소망하는 바가 이루어질 때까지 어떤 어려움도 인내하고 이겨내며 믿음의 길을 갑니다.

이 '산 소망'은 예수 그리스도 안에서 품는 소망입니다. 그러므로 만약 예수님이 죽으신 후 부활하지 않으셨다면, 죽은 사람에게서 우리가 무슨 소망을 가질 수 있겠습니까? 그러나 예수님은 부활하셔서 하늘과 땅의 모든 권세를 가지고(마 28:18) 하나님 보좌 우편에 앉아 계십니다(막 16:19). 우리가 기도하는 것들을 응답해 주시고, 성령을 통해 우리와 동행하시며 우리가 복음을 전할 때, 갖가지 표적과 기적을 행하게 해주십니다. 이 예수님께 바로 우리가 그토록 찾는 소망, 산 소망이 있습니다. 우리는 이 예수님 안에서 꿈을 꾸며 소망을 가질 수 있습니다. 예수님께서 그 소망을 다 이루어 주시기 때문입니다.

베드로는 과거 이스라엘 백성들이 받았던 유업인 가나안 땅에 견주어 이제 예수님의 부활로 거듭난 신자들이 썩어질 이 땅이 아니라, 썩지 않고 꺼지지 않고 쇠하지 않는 영원한 하늘나라를 상속할 것이라고 이야기하고 있는 것입니다. 요한계시록을 보면, 하늘나라는 수정같이 맑은 생명수의 강이 흐르고, 강 좌우에 생명나무가 있어 열두 가지 열매를 달마다 맺습니다. 그 나라에는 사망이나 애통하는 것이나 눈물이 없습니다(계 21:4; 22:1-2). 우리는 십자가에 달려 죽으신 후 부활하신 예수님을 믿음으로 이 천국에서의 영원한 삶을 보장받았습니다. 이제 몸은 죽어도 영혼은 죽지 않으며, 죽은 몸도 영광스러운 몸으로 부활하여 우리의 영과 혼은 모두 기쁨과 평화와 생명이 가득한 천국에서 하나님 아버지의 무한한 사랑을 완벽하게 느끼며 영원히 살 것입니다. 이것은 길어봐야 100년을 살기 어려운 우리 유한한 인간들에게 궁극의 참 소망입니다. 예수님의 십자가와 부활의 복음을 믿고 거듭나 의롭게 된 우리는 이 하나님의 나라에서 썩지 않고 다시는 죽지 않으며 영광스럽고 강한 하늘에 속한 이의 형상을 입고, 해와 같이 빛날 것입니다(고전 15:42-49, 53-54; 마 14:43). 저 천국에서 우리는 이 땅에서의 집과는 비교할 수 없는, 크고 화려한 집에서 함께 구원받은 자들과 뜨겁게 사랑하며 행복하게 살 것입니다. 그리고 이 땅에서 많은 사람들을 옳은 데로 돌아오게 한 사람들은 별과 같이 영원토록 빛나는 상급을 받을 것입니다(단 12:3). 그리고 나를 사랑하사 나를 위하여 자기 목숨을 버리시고 부활하신 예수 그리스도와 함께, 서울의 한 지역구 정도가 아니라, 이 지구나 행성보다 더 큰 고을들을 여러 개씩 다스리고 세세토록 영원히 왕 노릇할 것입니다(눅 19:11-27; 계 20:6; 22:5). 이 유업은 우리를 위하여 하늘에 간직되어 있습니다.

세상에서 누리는 모든 것들은 결국 썩어지거나 더러워지고 쇠하는 것들입니다. 우리의 진정한 소망은 저 하늘나라, 부활하신 예수님이 다스리시는 하나님의 나라에 있습니다. 하나님의 나라는 성경에서 새 하늘과 새 땅이라고 불리는데, 미래에 예수님께서 재림하실 때 완전하게 펼쳐지는 것입니다. 예수님, 어서 오셔서 저를 그 영원한 하나님의 나라로 인도하여 주십시오.

그런데 믿는 자들에게는 그 미래가 오늘 현재에 이미 와 있음을 믿습니다. 그래서 아직 불완전하기는 하지만 오늘의 현재에서 믿는 자들은 그 미래의 하나님의 나라를 이미 누리며 살아감을 고백합니다. 이런 우리에게 산 소망은 오로지 하나님의 나라입니다. 하나님의 나라만이 저의 희망입니다!

제가 지금까지 주기도문에 기초해서 드린 모든 기도를 통해 저를 드러내지 않게 하여 주십시오. 저의 유익을 구하는 자기중심적인 기도가 되지 않게 해주십시오. 오로지 하나님의 영광과 하나님의 나라만을 구하는 마음으로 드리는 기도가 되게 하여 주십시오. 저는 없습니다.

저의 기도를 통해 이루어질 나라는 오로지 아버지 하나님의 것입니다. 그 나라는 아버지 당신께서 전능한 능력으로 통치하시는 나라입니다. 그러므로 그 나라의 모든 영광은 영원토록 아버지 하나님의 것입니다. 이 모든 기도를 통해 아버지 하나님 홀로 영광을 받아주시기를 기도합니다. 하나님을 찬양합니다! 제가 늘 하나님의 영광을 바라고 하나님을 찬양하며, 그 나라를 위해 살게 해주십시오. 하나님의 뜻을 좇아드리는 저의 모든 기도를 우리 당신께서 응답해 주실 것을 믿습니다. 확신합니다.

5. 예수님의 이름으로

생각해 보면 지금까지 드린 기도는 죄인인 제가 감히 바라거나 구할 수 있는 것들이 아닙니다. 악하고 더러운 제가 어떻게 하나님을 아버지라 부를 수 있으며, 거룩하신 하나님 아버지의 나라와 뜻을 위해 감히 기도할 수 있겠습니까? 그럼에도 제가 이렇게 기도한 것은 오로지 예수님 덕분입니다.

예수님은 스스로 있는 존재로 태초에 성부 하나님과 함께 천지를 창조하신 창조주 당신이십니다(요 1:1 –3). 거룩하신 영광의 하나님으로 만유를 다스리시는 분이십니다. 그럼에도 불구하고 저를 구원하고자 이 땅 냄새나는 마구간에서 연약한 아기로 태어나셔서 거친 강보에 싸여 말 여물통인 구유에 뉘이셨습니다(눅 2:12). 그리고 십자가에 달려 저의 모든 죄를 대속하는 피를 흘리셨습니다. 저를 위해 자신을 낮추시고 비우시고 아무것도 아닌 자가 되셨습니다(빌 2:6-8). 그러나 삼일 뒤 부활하셔서 저의 부활이요 저의 영원한 생명이 되어 주셨습니다. 그래서 저로 하여금 당신의 이름으로 기도할 수 있게 해주셨습니다. 뿐만 아니라 주기도문을 주시고, 주기도문에 담을 풍성한 성경 말씀도 주셨습니다.

그러므로 저의 모든 기도문은 주 예수님의 공로와 은총으로 이루어진 것입니다. 그리고 현재 예수님은 하늘과 땅의 모든 권세를 가지고 계십니다. 저는 이 예수님의 전 인격과 전 존재를 의지하여 주 예수님의 이름으로 기도합니다(요 14:13 -14, 15:16). 아멘.

1. 일용할 양식

....

....

....

....

....

....

2. 용서

....

....

....

....

....

....

3. 우리를 넘어지게 하는 시험과 악

....

....

....

....

4. 나의 소망, 나의 찬양

5. 예수님의 이름으로

성경을 품은 기도, 주기도문

초판 발행 2024년 7월 12일

지은이 변상봉
펴낸이 박지나
펴낸곳 지우
출판등록 2021년 6월 10일 제399-2021-000036호
이메일 jiwoopublisher@gmail.com
인스타그램 instagram.com/jiwoopub
페이스북 facebook.com/jiwoopublisher
유튜브 youtube.com/@jiwoopub

ISBN 979-11-93664-04-9   03230

ⓒ 지우

지우
겸손하고 선한 그리스도인들을 위한
좋은 책을 만듭니다.